教师教育“十三五”规划实训系列教材

丛书主编：徐学俊

JIAOYUXUE

教育学

◇主编　王坤庆　谢新国

华中科技大学出版社
http://www.hustp.com
中国·武汉

内容简介

本书主要围绕《教育学教学大纲》和《教师资格证考试大纲》的内容编写。本书共有九章：教育与教育学、教育与社会发展、教育与人的发展、教育目的、教育制度、教师与学生、课程、教学和学校德育。通过对本书的学习，使读者对教育学知识有一个整体和系统的印象。各章节之间既有相互联系，又有各自的相对独立性。在保证教材的思想性和科学性的前提下，突出强调教材内容对教育实践(即对师范生未来教书育人的实践和在读期间自我教育的实践)的富有实效的指导意义，着重体现在教材的理论阐述的针对性和实践应用的可操作性两个方面，以解决长期以来该课程教学中存在的理论脱离实际的问题。

本书在编写形式上，力求做到准确精练、概念清晰、资料翔实、图文并茂，适当插入图片和专栏(心语感悟、拓展阅读、经典案例等)，以活跃版面，增添学习情趣。本书可以作为高等学校师范专业课教材，也可以作为非师范专业自学备考的参考资料。

图书在版编目(CIP)数据

教育学/王坤庆，谢新国主编. —武汉：华中科技大学出版社，2015.7（2019.9重印）
教师教育"十三五"规划实训系列教材
ISBN 978-7-5680-1060-3

Ⅰ. ①教… Ⅱ. ①王… ②谢… Ⅲ. ①教育学-高等师范院校-教材 Ⅳ. ①G40

中国版本图书馆 CIP 数据核字(2015)第 170049 号

教育学 王坤庆 谢新国 主编

策划编辑：曾 光
责任编辑：赵巧玲
封面设计：龙文装帧
责任校对：李 琴
责任监印：张正林
出版发行：华中科技大学出版社(中国·武汉) 电话：(027)81321913
武汉市东湖新技术开发区华工科技园 邮编：430223
录 排：华中科技大学惠友文印中心
印 刷：武汉华工鑫宏印务有限公司
开 本：787mm×1092mm 1/16
印 张：11.75 插页：1
字 数：293 千字
版 次：2019 年 9月第 1 版第 8 次印刷
定 价：28.00 元

前　言

目前，随着新一轮基础教育课程改革的不断深入，我国基础教育正在发生深刻的变化。对于我国教师教育来说，正经历着由数量导向向质量导向逐步深入的变革。时代需求和教育发展对教师教育提出了新的要求和挑战。只有不断加强教师教育，完善教育内容，改进教育方法，用系统的科学知识和教育理念武装师范生和其他有志于从事未来教师职业的人员，才能适应新形势的需要。

课程改革是基础教育改革的重要工程。高等学校教师教育课程改革的质量关系到教师教育的质量。实施卓越教师培养计划是我国师范院校面临的重大任务。卓越教师培养计划，试图通过启动实施该计划，建立高校与地方政府、中小学"三位一体"协同培养教师的新机制，从师范类院校招生、教学、实践等环节入手，努力培养一大批有理想信念、有道德情操、有扎实学识、有仁爱之心的好教师。从某种意义上来讲，只有深入研究并实践卓越教师培养计划，推动教师教育课程体系改革，才能培养越来越多的卓越教师，从而推动基础教育的改革与发展。

基于这个背景，我们编写了这本教育学教材。目前，教育学教材的版本很多，且各具特色。如何从众多教育学教材中脱颖而出，编写出既体现最新研究成果、科学性强，又能符合师范生和其他有志于从事教师职业的人员考试需求的教材，一直是我们思考的重点。本书作为教师教育专业核心课程教育学教材，力图体现以下"五个突出"。

一、突出基础性原则

教材突出教育学的基础知识、基本技能的掌握和教师资格证考试大纲要求。本书突显教师教育课程的教育价值，适应教师资格证考试的要求。本书严格对照中学教师资格证考试大纲的内容，围绕教师基本素质要求选取知识点。本书主要以师范生未来中学教育的教学实践活动为依托，构建教材体系的框架，体现师范性的特色。

二、突出系统性原则

本书共九章，包括教育与教育学、教育与社会发展、教育与人的发展、教育目的、教育制度、教师与学生、课程、教学和学校德育。通过对本书的学习，使读者对教育学知识有一个整体和系统印象。各章节之间既相互联系，又有各自的相对独立性。

三、突出可操作性原则

在保证教材的思想性和科学性的前提下，突出强调教材内容对教育实践（即对师范生未来教书育人的实践和在读期间自我教育的实践）的富有实效的指导意义。这一原则着重体现在教材的理论阐述的针对性和实践应用的可操作性两个方面，以解决长期以来该课程教学中存在的理论脱离实际的问题。

四、突出阶段性原则

本书在各章节开头设置"内容概要"和"问题引入"，引导读者带着对知识点或问题的思考进入章节学习。每章后面的"温故知新"引导读者及时温习本章主要知识点。每章后面设有"本章练习"，引导读者通过完成练习或获得练习题的启发，达到强化对知识点识记和理解的目的。

五、突出可读性原则

本书体现了师范生教书育人和自我教育的特点，针对师范生教书育人和自我教育中具有普遍意义的问题，发掘有关的理论性内容。在编写形式上，力求做到图文并茂，适当插入图片和专栏（心语感悟、拓展阅读、经典案例等），以活跃版面，增添学习情趣。

根据教育部的相关文件精神，编写体现上述原则的教材，具有重要的理论探讨和实践应用意义。这是因为，有了高质量的教师教育，才会有高水平的教师队伍。针对近些年来部分师范院校不关注基础教育和职业教育的改革发展，关起门来办教师教育，教育教学改革相对滞后，教育学、心理学和学科教学论“老三门”课程内容“空、繁、旧”的问题尚未得到根本解决，教育实践质量不高，教师教育师资队伍薄弱等现状，教育部计划在教师教育课程内容改革方面将突出以实践为导向，打破“老三门”课程结构体系，开设模块化、选择性和实践性的教师教育课程。这一系列措施的出台，为编写高质量的教材指明了方向。

本书是“高等学校教师教育‘十三五’规划教师实训教材系列丛书”之一，丛书由湖北大学徐学俊担任主编。本书由王坤庆教授担任主编。王坤庆现任华中师范大学教育学院教授、教育学原理专业博士生导师，享受国务院政府特殊津贴专家，湖北名师，兼任全国教育哲学专业委员会副主任、国家级优秀教学团队教育学、国家级精品课程教育学负责人，教育部“马克思主义理论研究和建设工程”“教育哲学”教材编写首席专家，中国教育政策研究院兼职教授、湖北省教育学会常务副会长、学术委员会主任、湖北省教育学研究会理事长。湖北民族学院谢新国担任本书第二主编。谢云天、殷波担任副主编。湖北大学、华中科技大学、湖北第二师范学院、江西赣南医学院等高校的部分教师、研究生也参与了编写。王坤庆、谢新国负责大纲编写和统稿、定稿。谢云天、谢新国、殷波协助审稿。全书各章编写人员如下：谢云天、谢新国（第一章）、周武、任令涛（第二章）、李凡繁（第三章）、周维维（第四章）、李凡繁（第五章）、殷波、任令涛（第六章）、朱立薇（第七章）、吴双（第八章）、谢云天（第九章）。本书参考了国内外众多文献资料，在编写和出版的过程中得到了湖北大学、华中师范大学、湖北民族学院以及华中科技大学出版社的大力支持。在此，致以最衷心的感谢！

由于编者自身水平和时间等方面的原因，书中难免存在不足之处，敬请广大读者批评指正。

编　者

2015 年 8 月

目　录

第一章
教育与教育学

【内容概要】

☆ 教育的概念
☆ 教育的要素
☆ 教育的形态
☆ 古代教育的特点
☆ 近代教育的特点
☆ 现代教育的特点
☆ 教育学的研究对象
☆ 教育学的产生与发展

第一节　教育的本质

问题引入

什么是教育？人为什么要接受教育？教育是为了什么？这些问题既是教育的基本问题，又是教育的重大问题。带着对这些问题的思考一起进入本节的学习。

在日常生活中，"教育"是一个使用频率非常高的词。关于教育的话题，一直都是人们关注的热点话题。

一、教育的概念

古今中外，不同的教育家、思想家基于各自的理解对教育给出了自己的定义。其中，《教育大辞典》对教育的定义是比较中肯的，即"教育是培养人的一种社会活动，是传承社会文化、传递生产经验和社会生活经验的基本途径。"前半句明确了教育的本质，后半句突出了教育的功能。

中国最早的"教育"

"君子有三乐，而王天下不与存焉。父母俱存，兄弟无故，一乐也；仰不愧于天，俯不怍于人，二乐也；得天下英才而教育之，三乐也。"这段话引自《孟子·尽心上》。这是"教育"二字合用在中国的最早出处。

"教育"一词的英文为 education。其实，无论是德语、法语，还是意大利语、西班牙语，"教育"一词均来源于拉丁文 educare。在拉丁文中，前缀 e 有"出"的含义，词根 ducare 有

“引导”的意思。因此，“教育”意味着通过一定的手段将人固有的德行、理性等品质由内向外引导出来。

心语感悟

教育即生活，教育即生长，教育即经验的改造。

——约翰·杜威

教育有广义和狭义之分。广义的教育是指所有能够增进知识、提升技能以及影响观念的活动。狭义的教育主要是指学校教育，即由专职人员和专门机构承担的有目的、有组织的、有系统的，以影响受教育者身心发展为直接目标的社会活动。

从哲学的角度来看，教育的本质就是建立人与世界认识关系的活动过程。这个过程既包括自觉学习、主动构建的过程，又包括接受影响、被动构建的过程。

作为培养人的社会活动，教育与其他社会活动有着本质的区别。首先，教育的对象是人，包括各个年龄阶段的人。其次，教育的首要目标是影响并促进人的身心发展。最后，教育影响是有明确意识的。教育影响的结果有正、反两个方面。也就是说，不是所有的教育活动都会对人的身心发展产生积极的影响。

视野拓展

教育的三种定义方式①

美国分析哲学家谢弗勒在其《教育的语言》一书中，探讨了三种定义，即规定性定义、描述性定义和纲领性定义。

所谓规定性定义，就是作者所下的定义，其内涵在作者的某种话语情境中保持同一。也就是说，“不管其他人所用的‘教育’一词是什么意思，我所用的‘教育’一词就是这个意思”。所谓描述性定义，就是适当地描述被界说的对象或使用该术语的方法。实际上，词典就是试图罗列描述性定义。所谓纲领性定义，就是明确地或隐含地告诉人们，教育应该怎样。教育一词的纲领性定义，往往包含“是”和“应当”两种成分，是描述性定义和规定性定义的混合。教育毕竟是人类的一项复杂事业，人们不应该对教育的定义经常外显地或内隐地包含某些纲领、规范、规定或价值观而感到惊奇。

二、教育的要素

教育由多种要素构成。一般来说，教育者、受教育者和教育影响是构成教育活动的三个基本要素。

1. 教育者

所谓教育者，是指从事教育活动的人。所有有意识地向他人或自己施加教育影响的人

① 霍秉坤，于泽元，徐慧璇. 课程与教学：研究与实践的旅程[M]. 重庆：重庆大学出版社，2008，74.

都是教育者。因此，学校教育教学人员、校外教育机构工作人员、学生家长等都可以看作是教育者。狭义的教育者是指在学校里从事教育教学工作的人员。教育者是教育活动的实施者和主导者。离开教育者的教育必定无法进行。

心语感悟

道德普遍地被认为是人类的最高目的，因此也是教育的最高目的。

——约翰·弗里德里希·赫尔巴特

2. 受教育者

所谓受教育者，是指在各式各类教育活动中接受影响并从事学习活动的人。受教育者既包括在学校中学习的幼儿、儿童、少年以及青年，又包括在校外教育活动形式中学习的成年人。作为教育对象的受教育者，也是学习活动的主体。离开受教育者积极参与的教育难以取得预期的成效。当受教育者进行自我教育时，他既是教育者，又是受教育者。教育者和受教育者是互动、平等的关系。教育者和受教育者通过积极对话，有助于构建良好的关系。

视野拓展

什么是教育[①]

教育的内在精神就是激发人类对真善美的渴望。这个世界上除了真善美，还有什么更值得人类追求的东西吗？

真就是真知；善就是完善的人格、积极的价值观，以及对众生的宽容；美在于内心的喜悦，在于欣赏美和创造美的能力。当你听到一首歌曲，或者读到一段诗歌，或者看到壮丽的景色时，内心被触动，这就说明你拥有了欣赏美的能力。作为教育者，应该敬畏教育的这种内在精神和力量。如果中国的教育失去了内在精神，中国的未来将会何等不堪。

中国新一代的家庭教育和学校教育在一定程度上无疑是失败的：家长过于关注孩子是否拥有优厚的物质生活，老师过于看重学生的分数，孩子缺乏来自师长的人文关怀、精神气质培养和心灵陶冶。在中国的教育中难以寻找到悲悯众生的情怀和宽容精神的踪迹，正因为教育本身的缺陷和功能的蜕化，才会出现“我爸是李刚”的无知与野蛮，才会出现药家鑫开车肇事后连续8刀将人刺死这样缺乏良知的残忍与罪恶。这些极端事例都是中国教育失败的缩影，无不反映中国教育缺乏人文关怀：既缺乏真、缺乏善，又缺乏美的教育。

3. 教育影响

教育影响是指教育者和受教育者之间的纽带。它包括在教育活动中教育者与受教育者之间相互作用的全部信息。教育内容、教育措施等都属于教育影响的范畴。

---

① 摘自《什么是教育》，北京晚报，2014-07-15.

1）教育内容

教育内容是教育者根据教育目的用以对受教育者施加影响的内容。教育内容经过教育者的选择和加工，并往往要经历由书本的知识结构到教育者的心理结构再到受教育者的心理结构的转化过程。

2）教育措施

如果说教育内容是教育影响的内容方面，那么教育措施就是教育影响的形式方面。它既包括教具、仪器等开展教育活动时所运用的物质手段，又包括听、说、读、写等教与学的方式和方法。

心语感悟

只有受过一种合适的教育之后，人才能成为一个人。

——扬·阿姆斯·夸美纽斯

教育者、受教育者以及教育影响三者之间既相互联系，又相互区别。它们共同构成了一个完整的教育实践活动系统。教育者和受教育者属于人的因素。教育影响属于活动的因素。缺失任何一个要素，都不是完整的教育。每一个要素的变化必然导致教育系统状况的变化。

三、教育的起源

关于教育起源的观点有很多。其中，主要代表观点包括神话起源说、生物起源说、心理起源说以及劳动起源说。

1. 教育的神话起源说

代表人物：该学说基于宗教观点提出，没有代表人物。

主要观点：和世间所有事物一样，教育由神（上帝或天）创的。体现由神（上帝或天）的意志并使人皈依上帝成为教育的目的。

评价：这种把教育的起源和神（上帝或天）联系在一起的观点显然是唯心主义的。

2. 教育的生物起源说

代表人物：法国社会学家、哲学家利托尔诺（1813—1902）和英国教育家沛西·能（1870—1944）。

主要观点：①教育既存在于人类社会之中，又存在于人类社会之外，甚至还存在于动物界；②教育的产生完全来自动物的本能，教育是种族发展的本能需要；③教育的主要动力是生物冲动，人类社会教育的产生过程是一个生物学的过程，是对动物界教育的继承和发展。

评价：教育的生物起源说是教育史上第一个正式提出的教育起源学说，也是较早地把教育起源问题作为学术问题提出来的学说。它看到了人类教育与其他动物类似行为之间的相似性，标识着在教育起源问题上开始从神话解释转向科学解释。但是，该学说也存在一个根本的错误：它过于强调教育的生物性，忽视了教育的社会性，即没有将人类有目的、有意识的教育活动与其他动物的本能活动区分开来。

心语感悟

教育的根是苦的，但其果实是甜的。

——亚里士多德

3. 教育的心理起源说

代表人物：美国著名教育史学家保罗·孟禄(1869—1947)。

主要观点：教育的发生是"非理性的"，是"单纯的无意识的模仿"。儿童对成人无意识的模仿是教育的最初发展。这种无意识的模仿不是习得性的，而是遗传性的。

评价：它强调了观察和模仿在教育中的重要作用。心理起源说和生物起源说都属于本能论的观点。只不过，心理起源说把教育的本能看成是人类特有的本能，而不是动物的本能。但是，教育的心理起源说只看到教育有无意识模仿的一面，没有看到教育有意识的重要特征。

4. 教育的劳动起源说

代表人物：苏联的米丁斯基、凯洛夫等。

主要观点：①以制造和利用工具为标识的人类劳动不同于动物的本能活动，是人类特有的一种社会活动；②教育起源于劳动或劳动过程中所产生的需要；③教育以人类语言意识的发展为条件；④教育的职能是传递劳动过程中形成的社会生产和生活经验；⑤教育是历史性与阶级性的统一。

评价：劳动起源说有力地批判了教育起源本能论的观点，突出了教育的社会属性，看到了社会性是教育起源的关键问题，但是，该学说把以满足生存需要视为教育的目标，而不是以促进人的身心发展为直接目标。

第二节　教育的历史发展

问题引入

通过对上节的学习，知道了什么是教育，那么教育以何种形态表现自己？从古代到近代，再到现代，不同历史时期的教育有什么特点？带着对这些问题的思考一起进入本节的学习。

教育自产生之日起，就随着人类社会的发展而发展。在人类社会发展的不同阶段，由于生产力发展水平、生产关系、政治制度等不同，教育表现为不同的特点。

一、古代社会教育

（一）不同国家古代社会教育的形态

1. 古代中国

早在4000多年前的夏代，中国就有了学校教育的形态。西周以后，建立了政教合一的官学体系，形成了由礼、乐、射、御、书、数六门课程组成的"六艺"教育。

春秋战国时期，官学衰微，私学大兴。汉武帝"罢黜百家，独尊儒术"的思想专制主义文化教育政策和选士制度对后世产生了深远的影响。隋唐以后盛行的科举制度使得教育与政治思想的联系更加制度化。

2. 古代印度

古代印度宗教的权威至高无上，教育都控制在婆罗门教和佛教手中。婆罗门教的《吠陀经》是主要的教育内容，僧侣是唯一的教师，背诵经典和钻研经义是主要的教育活动。与婆罗门教不同，佛教主张教育应当面向平民。它广设庙宇，推动了平民教育的发展。

视野拓展

婆罗门教

婆罗门教是印度古代宗教，是现在流行的印度教的古代形式。婆罗门教以《吠陀经》为主要经典。它因崇拜梵天及由婆罗门种姓担任祭司而得名。婆罗门教有严格的等级规定，把人分成四种等级，依次是：处于最高等级的僧侣祭司，受到最优良的教育；刹帝利，为军事贵族；吠舍，仅能从事农工商业；首陀罗，被剥夺了受教育的权利。

3. 古代埃及

大约在公元前2500年，古埃及已有宫廷学校。学校种类除宫廷学校外，还有职官学校、僧侣学校、文士学校等。其中，文士学校是数量最多的学校。当时只有奴隶主阶级才有受教育的权利，奴隶子弟没有受教育的机会。文士精通文字，大多执掌治事权限，颇受尊重。"以僧为师"、"以（书）吏为师"是古代埃及教育的主要特征。

4. 古代希腊

古希腊人建立了较为完整的教育制度，积淀了丰富的教育理论，为推动西方教育的发展奠定了坚实的基础。

古代希腊建立了许多奴隶制城邦。其中势力最大的是斯巴达和雅典。在雅典，其教育目的是培养有文化修养和多种才能的政治家和商人，注重受教育者的身心发展，教育内容比较丰富，教育方法比较民主和灵活。而在斯巴达，其教育目的是培养英勇果敢、服从命令的武士，强调军事体育训练和政治道德灌输的结合，教育内容较为单一，教育方法比较野蛮和严厉。

古代雅典儿童在学校学习如图1-1所示。

图 1-1　古代雅典儿童在学校学习

5. 古代罗马

古代罗马分为王政时期、共和时期和帝国时期三个阶段。在王政时期，教育以家庭教育为主。在共和时期，设有初等学校、文法学校以及修辞学校。在帝国时期，加强了对初等教育的控制，把教育的目的定为培养忠于帝国的官吏和顺民，提高了教师的待遇并使之享有一些特权。

6. 中世纪的西欧

古罗马帝国灭亡之后，西欧教育为宗教所垄断。最受重视和尊重的教育是培养僧侣人才的教育。这种教育由僧院学校或大主教学校担当。神学和七艺是主要的学习内容。其次为骑士教育。骑士教育主要在骑士的生活和社会交往中进行，没有专门的教育机构。效忠的品质、征战的本领以及附庸风雅的素养等是骑士教育的主要内容。

（二）古代社会教育的特点

1. 阶级性

在古代社会，阶级界限分明。统治阶级享有受教育的特权，奴隶被剥夺了受教育的权利。

2. 专制性

古代社会的教育过程是管制与被管制、灌输与被动接受的过程。在“师道尊严”里，受教育者不能违背教育者的意愿，否则就会被认为“离经叛道”。

3. 道统性

掌握话语权的统治阶级将其政治思想和伦理道德视为唯一被认可的思想。此时，天道、神道与人道往往合二为一。

4. 象征性

是否享有受教育的权利和接受什么样的教育成为区别社会地位的象征。教授教义、经典的教育具有较高的社会地位，教授习得实用知识的教育处于较低的社会地位。

5. 刻板性

古代社会的教育方法、学习方法单一、刻板，机械模仿、死记硬背的特征比较突出。

二、近代社会教育

16 世纪以后，世界进入近现代社会。第一次工业革命促进了社会制度、思想观念和生活方式的巨大变化，也引起了教育的巨大变化。

1. 教育的公立化

19 世纪以前，欧美国家的学校教育多为教会或行会主持。国家并不重视教育。19 世纪以后，资产阶级政府逐渐认识到教育的重要性，加强了对教育的重视和干预，逐渐建立了公立教育系统。

近代法国的教育领导体制

1806 年，法国成立帝国大学，作为掌管全国教育行政最高权力机构，首脑称总监，大学附设评议会，作为审议机构，并设若干名总督学。

在帝国大学之下，全国划分为 27 个大学区，各区分管几个省，大学区设总长和学区评议会，并按省分设大学区督学。各行政官员和大学教师由总监任命，体现了中央集权的特点。

2. 教育的法制化

通过法律来明确教育的内容和地位是近代西方教育发展的一个明显特点。在西方近代教育史上，每一次教育的重要进展和重大变革，都以法律的形式进行规定并提供保证。

福斯特法案

1870 年，英国颁布《初等教育法》，又称《福斯特法案》。该法案规定[①]：继续拨款补助教育，国家在缺少学校的地区设立公立学校；全国划分若干个学区，由学区学务委员会负责本学区的教育工作；各学区有权实施 5～12 岁儿童的强迫教育；承认教会以前所办或管理的学校为国家教育机构……学校里的普通教学与宗教分离。该法令的颁布，表明教育国家化的制度终于形成。此外，在中等教育方面，颁布了《公学法案》(1868 年)、《巴尔福教育法》(1902 年)，高等教育方面则有《牛津大学法》(1854 年)、《剑桥大学法》(1856 年)等。

3. 教育的义务化

随着机械化工业革命的完成和电气化工业革命的兴起，普及初等教育的需求越来越强

---

① 胡金平. 中外教育史纲[M]. 南京：南京师范大学出版社，2001，188.

烈。欧洲各国政府陆续颁布了义务教育法，并延长义务教育的年限。

第一个推行义务教育的国家

世界上最早推行义务教育的国家是德国。从16世纪后半期开始，德意志境内各公国先后颁布普及义务教育的法令，期望从教会手中收回教育权，由国家设立学校。[①]

1559年，维登堡颁布了强迫教育法令。魏玛在1619年颁布的教育法令中明确规定，儿童8岁时父母必须送其入学，并要求牧师和父母要将8岁儿童的名单送交政府，若违反这个规定由地方政府勒令其履行。史称"普鲁士小学之父"的普鲁士国王腓特烈·威廉一世也十分关心教育，即位之初便发布谕令，整顿教育，并在1717年发布义务教育令，规定儿童于冬季入学，夏季也须每周上课一天，由政府拨款设置学校，教育经费由地方贫人救济会支付，教育内容为读、写、算和宗教等基本学科。此外，义务教育令还对教师的条件、待遇、聘用、学费、政府津贴等均有规定。

4. 教育的世俗化

与古代教育不同，近代教育逐渐走进寻常人家。实用、功利的世俗教育目标逐渐建立起来。世俗教育逐步从宗教教育中分离。例如，英国在实施义务教育的过程中，规定公立学校可以不进行宗教教学，学生有权不参加学校的宗教教学。

三、现代社会教育

两次世界大战深刻地改变了世界的格局。20世纪60年代后，发生了世界性的"知识大爆炸"。教育获得更大的发展。随着人类对生命价值、人生态度、生活方式等的重新认识，教育发生了较大的改革和发展，呈现出一些新的特点。

1. 教育的终身化

终身教育是形成于20世纪50—60年代的教育思潮。终身教育倡导者保罗·朗格朗的《终身教育引论》以及联合国教科文组织编写的《学会生存》中对终身教育的表述，使得终身教育的观念和理论在国际上产生了广泛的影响，并被人们普遍接纳。

生活·终身·教育

生活、终身、教育是终身教育的三个基本概念。它从纵的方面寻求教育的连续性和衔接性，从横的方面寻求教育的统合性。[②] 从时间上来看，它要求保证每个人"从摇篮到坟墓"的一生连续性的教育过程；从空间上来看，它要求利用学校、家庭、社会机构等一切可用于教育

---

① 胡金平.中外教育史纲[M].南京:南京师范大学出版社,2001,195.

② 孙俊三.教育原理[M].长沙:中南大学出版社,2006,11.

和学习的场所;从方式上来看,它要求灵活运用集体教育、个别教育、面授或远距离教育;从教育性质上来看,它既要求正规的教育与训练,又要求有非正规的学习和提高;既要求人人当先生,又要求人人当学生。

2. 教育的全民化

全民教育主要针对女童的教育问题、妇女的文盲问题等提出。实践教育的全民化,降低辍学率,使所有适龄儿童都入学学习,使所有中青年都摆脱文盲状态,既是全社会的责任,又是人们的普遍愿望。

全民教育

1990 年 3 月,联合国教科文组织、儿童基金会、开发计划署、世界银行等联合发起,在泰国宗迪恩召开了世界全民教育大会,并通过了《世界全民教育宣言》和《满足基本学习需要的行动纲领》。大会所提出的全民教育思想为国际社会所普遍接受,并在世界范围内兴起了使所有人都能受到基本教育的运动。

3. 教育的民主化

教育民主化是对教育的等级化、特权化以及专制化的否定,它主张人人有受教育的权利,教育面前人人平等。人人都是民主化教育的主体。

4. 教育的多元化

时代的多元化要求教育的多元化。教育的多元化是对教育的单一化的否定,其具体表现为培养目标的多元化、管理模式的多元化、办学形式的多元化、教学内容的多元化以及评价标准的多元化等。

5. 教育的信息化

计算机和网络技术的发展和广泛运用,改变了人们的生活方式和交往方式。教育革命进入了更深的层次。教育和学习的机会遍布人们生活的每一个角落。

“慕课”在“革”谁的“命”①

今天,一场新的教育革命浪潮似乎又来了。慕课、翻转课堂、微课程、自学习等令人眼花缭乱。这是一次真的颠覆式的革命,还又是昙花一现的泡沫?这些在发达国家教育已经现代化了的条件下产生的新模式,在发展中的中国有用吗?从孔夫子就实行的面对面的教育模式能随便就被改了吗?更重要的是,目前中国教育的三大问题:教育资源分配不公,学生创造力不够,大学生就业难的问题,用这些新鲜玩意儿能解决吗?

这场新的学习与教育模式的革命,称之为“慕课”革命。

---

① 摘自《“慕课”在“革”谁的“命”》,《经济晚报》,2015-01-23 第 04 版.

慕课，是从英文 Mass Open Online Courses（大规模公开在线课程）的简称“MOOC”，音译而来的。慕课的理想是要做到：“任何人，在任何时间，在任何地方，学到任何知识”。在这里，“任何人”是指不受国别的局限，不受学校规模的制约，不受年龄的限制，只要愿意学习都能满足你的需求；“任何地方”是指不管是在名校云集的美国波士顿，还是在贫困乡村，只要有一台计算机，接上互联网，你就能学到你想学的课程；“任何时候”是指可以脱产学习，也可以用碎片时间，在喝一杯咖啡，等地铁的时间里，能学到你想学的知识；“任何知识”是指你不但可以学到学校的课程知识，还可以学到工作职业上的，个人兴趣的，甚至是现在还不知道有什么用的内容。

第三节　教育学的产生与发展

问题引入

教育学是一门科学。那么，它缘何产生？何时登上历史舞台？其经历了一个怎样的发展历程？带着对这些问题的思考一起进入本节的学习。

一、教育学的研究对象

从词源上看，“教育学”（pedagogy）一词从希腊语“教仆”（pedagogue）派生而来。在古希腊，负责照料、陪送年幼奴隶主子弟来往于学校并帮助他们携带学习用品的奴隶被称为教仆。教仆大多为有知识的被俘奴隶。因此，由“教仆”一词演化而来的 pedagogy 通常被理解为如何照管儿童的学问。

后来，在英语国家中，“教育学”由 pedagogy 一词逐渐转向了 education。二者的区别在于，education 通常被理解为对儿童的培养过程，而 pedagogy 则被理解为研究教育儿童的学问。

教育学是一门研究教育现象和教育问题、探索教育规律的社会科学。它既是规范性的学科，又是解释性的学科。其意义有三点：一是超越日常的教育经验，形成专门的教育认识活动；二是科学地解释教育问题，深化对教育的认识，影响人们的教育观念；三是为提高教育管理水平和教学水平提供思路和理论指导，为教育的发展和改进提供依据。

二、教育学的研究任务

1. 解释教育现象

教育现象丰富多样。解释教育现象产生、变化、发展的原因和内在动力是教育学的一个任务。通过对教育现象的解释，有助于揭示和把握教育规律，有助于推动教育的发展。

2. 揭示教育规律

教育规律具有多个层次。它可以分成宏观规律、中观规律和微观规律。教育的宏观规律包括教育适应并促进人的发展的规律、教育适应并促进社会发展的规律等。教育的中观规律包括身教优于言教的规律、全面发展教育之间关系的规律等。教育的微观规律包括提问的规律、练习的规律等。

3. 解决教育问题

教育学是为教育实践服务的。当人们关注、研究教育现象的时候,教育现象就演变为教育问题。教育学就是要研究教育问题,并通过各种方式方法解决这些问题。

三、历史上的教育思想

教育学是社会发展到一定历史阶段的产物。教育学的产生既反映了社会生产和社会生活的客观需要,又是教育实践经验不断丰富和积累的结果。

(一)中国古代的教育思想

1. 孔子(公元前551年至公元前479年)

孔子(见图1-2)是中国古代伟大的教育家和思想家。以孔子为代表的儒家文化对中国教育的发展产生了极为深远的影响。

图1-2 孔子

孔子的教育思想主要反映在《论语》一书中。"仁"是孔子学说的核心和最高道德标准。孔子继承西周六艺教育的传统,教学纲领是"博学于文,约之以礼",基本科目是诗、书、礼、乐、易、春秋。孔子注重后天的教育,主张"有教无类",大力创办私学,培养了大批人才。孔子既承认人的先天差异,又强调"学而知之",重视因材施教。他强调学习与思考相结合。所谓"学而不思则罔,思而不学则殆"。他还强调学习与行动相结合,学以致用,主张把知识应用到道德实践和政治生活中去。

视野拓展

《学记》:"教育学的雏形"

《学记》是《礼记》中的一篇,是中国古代也是世界上最早专门论述教育问题的论著。①它从正反两方面总结了儒家的教育理论和经验,系统阐述了教育的作用和任务,教育与教学的制度、原则和方法,教师的地位和作用,师生关系和同学关系等,是宝贵的世界教育遗产。

2. 墨子(约公元前468年至公元前376年)

墨子(见图1-3)主张通过教育建设一个民众平等、互助的"兼爱"社会。他注重文史知识的掌握和逻辑思维能力的培养,重视实用技术的传授。他提出了理解知识的三种途径,即"亲知""闻知"及"说知"。

3. 老子(约公元前571年至公元前471年)和庄子(约前369年至公元前286年)

道家强调"道法自然",主张教育要回归自然,认为一切任其自然便是最好的教育。如果说老子(见图1-4)对教育提倡的是禁欲主义,那么庄子对教育提倡的则是放任主义。

图1-3　墨子

图1-4　老子

老子从自然无为的原则出发,提出了"物各有宜""顺应本性"的教育思想。他认为,由于人的资质和禀赋不同,导致人的学习态度和认识事物的能力各不相同。

老子认为,虽然受教育者之间存在差异性,但教育不应当分辨受教育者的优劣,而应以平等的大爱真心对待每一个受教育者。这种教育思想既包含一视同仁的平等观,又包含深入人性的感化思想。它带来的发展就是:"是以圣人常善救人,故无弃人;常善救物,故无弃物"。

① 宋秋前,陈宏祖.教育学[M].杭州:浙江大学出版社,2010,14.

道家认为,学习知识从接触实际的感性认识开始,而不是先学习书本的间接经验。在掌握“道”的过程中,老子提出了“涤除玄览”的方法,庄子提出了“心斋坐忘”的方法。

此外,汉代的董仲舒、唐代的韩愈、宋代的朱熹、明代的王阳明、清代的王夫之等中国古代的教育家和教育思想家都有丰富的教育实践和精辟的教育见解。

心语感悟

问渠那得清如许,为有源头活水来。

——朱熹

(二) 西方古代的教育思想

1. 苏格拉底(公元前 469 年至公元前 399 年)

苏格拉底(见图 1-5)是西方最早的教育思想家。他非常重视道德教育。其教育活动主要是在广场、街道、作坊等场所劝人为善。

图 1-5 苏格拉底

他对教育的贡献主要在教学方法方面。在教学中,苏格拉底并不直接向学生传授具体知识,而是通过使用问答、交谈或争辩的方法来宣传自己的观点。他认为,真理存在于每个人的心中,但并不是每一个人都能在自己身上发现真理。这就需要借助他人的帮助。哲学家和教师的任务是做一个思想的“产婆”,将学生心中的真理引出来。

苏格拉底的教学法称之为“精神产婆术”。它包括讥讽(不断提问题使对方自陷矛盾最终承认自己的无知)、助产(帮助对方得到问题的正确答案)、归纳(从各种具体事物中找到事物的共性和本质)、定义(把个别事物归入一般概念)等四个步骤。

经典案例

什么是勇敢

“什么是勇敢?”苏格拉底随便问一个士兵。

“勇敢是在情况变得艰难时能坚守阵地。”士兵回答。

“但是,假如战略要求撤退呢?”苏格拉底问。

“假如这样的话,就不要使事情变得愚蠢。”

“那么,你同意勇敢既不是坚守阵地又不是撤退?”苏格拉底问。

“我猜想是这样。但是,我不知道。”士兵回答。

“我也不知道。或许它正好可以开动你的脑筋。对此你还有什么要说的?”苏格拉底又问。

“是的,可以开动我的脑筋。这就是我要说的。”

“那么,我们也许可以尝试地说:勇敢是在艰难困苦的时候的镇定——正确的判断。”苏格拉底说。

“对。”士兵最后回答。

2. 柏拉图(约公元前 427 年至公元前 347 年)

柏拉图(见图 1-6)是最早提出客观唯心主义的哲学家,其教育思想集中体现在《理想国》一书中。

图 1-6　柏拉图

柏拉图主张男女教育平等,注重学前教育,主张在学前教育中采用模仿的方法。他主张 7 岁至 12 岁的儿童进入文法学校学习,12 岁至 16 岁的少年同时进入音乐学校和体操学校学习。18 岁至 20 岁的青年主要是接受军事训练和体育锻炼,培养勇敢的美德,使自己成为一个英勇善战的军人。在教育体制上,他主张采用斯巴达的国立教育,但在具体的组织形式和内容方法上,则更多地汲取了雅典教育实践的一些做法,构筑了一个培养护国者和保国者的教育思想体系。

3. 亚里士多德(公元前 384 年至公元前 322 年)

亚里士多德(见图 1-7)是古希腊百科全书式的哲学家。在人类教育史上,首次提出了“教育遵循自然”的思想。这一思想成为后世强调教育应注重尊重人的身心发展规律的思想渊源。

他秉承了柏拉图的理性说,认为追求理性就是追求美德,是教育的最高目的。他认为,教育是公共的,所有的人(但不包括奴隶)都应受同样的教育。

他认为,教育应当成为宣传“法治”,对人们进行法制教育的工具。他注意儿童心理发展的自然特点,主张按照儿童心理发展的规律对儿童进行分阶段教育,提倡对儿童实施体、德、智、美全面和谐发展的教育。

文艺复兴时期,意大利的维多里诺、法国的拉伯雷和蒙田等人文主义思想家都开始重视

图 1-7 亚里士多德

教育问题。他们发表言论，兴办学校，改革教育，推动了教育的发展。

四、教育学学科的建立

1. 扬·阿姆斯·夸美纽斯(1592 年至 1670 年)

扬·阿姆斯·夸美纽斯(见图 1-8)是深受人文主义精神影响的捷克教育家。他提出了泛智教育思想。教育学作为一门独立的学科萌芽于扬·阿姆斯·夸美纽斯的《大教学论》。

图 1-8 扬·阿姆斯·夸美纽斯

在《大教学论》一书中，扬·阿姆斯·夸美纽斯系统地阐述了自己的教育理论，对教育学科的发展做出了巨大的贡献。

第一，构建了教育学学科的基本框架，确定了教育学的基本研究内容。扬·阿姆斯·夸美纽斯论述了教育目的、教育与社会、自然和人的关系，教学内容、教学方法、教学组织形式、教学原则及规律等问题。

第二，首次提出并论证了一系列教学原则。他提出了教学的便宜性原则、彻底性原则以及简明性与迅速性原则。

第三，强调普及义务教育并论证了普及义务教育的天然合理性。他强调把一切事物教给一切人。每一个人都应该享有受教育的权利，都应该学习一切最重要的知识。

第四，论证了“教育适应自然”的思想。他认为，人是自然的一部分，人都有相同的自然性，都应受到同样的教育。教育要遵循人的自然发展的原则。教育要以自然界及其普遍法则为依据，探索教育的普遍规律。

第五，首次提出了“学年制”的思想。他认为，和婴儿期、儿童期、少年期和青年期四个发展阶段相应的是母育学校、国语学校、拉丁语学校和大学四级学制系统。这四个发展阶段和四种学校就像一年四季一样相互联系。

第六，从理论上论证了“班级授课制”这一学校最基本的教学组织形式，使人类的学校教育更趋正规化。

2. 让-雅克·卢梭(1712 年至 1778 年)

让-雅克·卢梭(见图 1-9)是法国大革命时期的著名启蒙思想家、教育家。他提出了自然教育理论，其教育代表作是《爱弥儿》。

图 1-9　让-雅克·卢梭

让-雅克·卢梭认为，教育要“顺应自然”。在“顺应自然”的教育下，人的理性可以得到发展。他明确指出，教育归于三个来源，即“自然”“人”和“事物”。他强调，自然教育以培养“自然人”为目的。他指出，“每一个年龄，人生的每一个阶段，都有它适当的完善的程度，都有它特有的成熟时期。”根据人的自然发展的进程和不同年龄时期身心的特点，自然教育可以划分为婴儿期、儿童期、少年期以及青年期。让-雅克·卢梭的《爱弥儿》被后人称为“教育的自然福音”。

3. 伊曼努尔·康德(1724 年至 1804 年)

伊曼努尔·康德(见图 1-10)是德国著名的哲学家，也是重要的教育家。他提出了理性主义教育思想。其教育思想主要集中于《论教育学》一书。

图 1-10 伊曼努尔·康德

第一，强调对人类文化的尊重和人类精神的自我能动性，并赋予它以教育的意义。教育意味着对人的道德、智力和美学方面的全面培养。

第二，注重道德教育和意志的训练，强调人的价值取决于他的道德生活。道德教育的核心问题是调节“服从”与“自由意志”，将外部法则变为内部法则。

第三，强调形式的训练，尤其是思辨能力的训练。主张感性知识依附于理性知识，强调智育要磨炼人的理智。

4. 约翰·亨里希·裴斯泰洛齐(1746 年至 1827 年)

约翰·亨里希·裴斯泰洛齐(见图 1-11)是瑞士民主主义教育家。他是最早的要素教

图 1-11 约翰·亨里希·裴斯泰洛齐

育思想的提出者，是第一个明确提出“教育心理化”口号的教育家。

要素教育思想具有四个主要特点。①实践性。约翰·亨里希·裴斯泰洛齐的理论和方法以实践为依据。没有长期的教育工作实践，要素教育思想也就不可能产生。②以“一切为了孩子”为出发点。要素教育是为了简化教学方法，使得最普通的人即使农村妇女也有可能自己教他的孩子。③以“教育心理化”为依据。要素教育思想强调探索适合于人类本性的、符合心理学规律的一套循序渐进的教育方法，体现了教育和心理的结合。④改革传统的学校教育，改善贫苦儿童的教育。在他看来，贫苦儿童的教育旨在训练他们未来生活的不同时期可以赖以维持生活的那些才能。

5. 约翰·洛克(1632 年至 1704 年)

约翰·洛克(见图 1-12)是英国哲学家，也是著名的实科教育和绅士教育的倡导者。他提出了“白板说”和绅士教育思想。其教育代表著作是《教育漫话》。

图 1-12　约翰·洛克

在约翰·洛克看来，教育的最高目的在于培养绅士。他认为，“因为一旦绅士受到教育，上了正轨，其他的人自然很快就能走上正轨了。”绅士应具备“德行、智慧、礼仪和学问”四种精神品质以及健康的身体素质。他认为，家庭教育是培养绅士的重要途径。他指出，体育是绅士教育的基础，德育是绅士教育的灵魂，智育是绅士教育的辅助部分。总之，约翰·洛克的绅士教育思想是一种世俗的现实主义教育思想，在近代西方教育理论的形成和发展过程中具有重要的地位。

五、规范教育学的建立

1. 约翰·弗里德里希·赫尔巴特(1776 年至 1841 年)

约翰·弗里德里希·赫尔巴特(见图 1-13)是近代德国著名的哲学家、心理学家和教育家。他提出了主知主义教育思想，被看作是传统教育学的代表。其代表作是《普通教育学》

和《教育学讲授纲要》。前者被誉为是第一部具有学科形态的教育学著作。

图 1-13 约翰·弗里德里希·赫尔巴特

(1) 要使教育学成为真正的"科学",就必须以"实践哲学"和观念心理学作为它的基础。"统觉"是观念心理学的一个基本概念,是约翰·弗里德里希·赫尔巴特教学论所依据的基本原理。

(2) 重视教育的目的问题。道德教育要成为培养性格的手段,直接或间接对儿童道德品格的形成起作用,应当与儿童管理和知识教学相结合,应注重陶冶、赞许和责备、建立有益于健康的生活制度等方法的运用。

(3) 重视多方面兴趣和课程内容。教学的基础是多方面的兴趣。兴趣贯穿于整个教学过程。

(4) 提出了"教学形式阶段"理论。他认为,教学必须是完整而统一的。他把教学过程明确地划分为清楚、联合、系统、方法四个阶段。

(5) 第一次明确地提出了"教育性教学"这一概念。他把教育与教学的关系看成是目的和手段的关系。

(6) 强调系统知识的传授,强调课堂教学的作用、教材的重要性以及教师的中心地位,形成了传统教育教师中心、教材中心、课堂中心的特点。

2. 约翰·杜威(1859 年至 1952 年)

约翰·杜威(见图 1-14)是美国著名的哲学家、教育家、心理学家和社会学家。他是实用主义教育思想的代表人物。其代表作是《民主主义与教育》。

1) 主张"教育即生活"

约翰·杜威强调,教育应该给儿童提供保证生长或充分生活的条件。学校教育的目的就在于,通过组织保证儿童继续生长的各种力量,使教育得以继续进行。

2) 主张"学校即社会"

约翰·杜威认为,教育是一种社会生活过程,学校是社会生活的一种形式。学校应该把现实的社会生活简化起来,呈现儿童现在的社会生活。

图 1-14　约翰·杜威

3）提出新的“三中心”理论

约翰·杜威以活动教学代替传统的课堂教学，以儿童的经验代替书本知识，以学生的主动活动代替教师主导。

4）提出实用主义经验论

从实用主义经验论出发，约翰·杜威对教育下了这样的定义：“教育就是经验的改造或改组。这种改造或改组，既能增加经验的意义，又能提高指导后来经验进程的能力。”晚年时，他认为，“教育是以经验为内容，通过经验，为了经验。”

5）主张“从做中学”，在问题中学习

在约翰·杜威看来，如果能使儿童从那些真正有教育意义和兴趣的活动中进行学习，那么它也许是标识着对儿童一生有益的一个转折点。

六、教育学的发展

19 世纪末 20 世纪初以来，科学发展突飞猛进，研究手段逐步现代化。教育学得到了迅速的发展，并出现了不同的教育流派和教育思潮。

（一）实验教育学

19 世纪下半叶，一些教育家在研究教育的过程中引进了社会学的实证方法和心理学的实验方法。实验教育学应运而生。代表人物和代表作品是德国的梅伊曼（1862 年至 1915 年）及其《实验教育学纲要》（1914 年）和拉伊（1862 年至 1926 年）及其《实验教育学》（1908 年）。

拉伊认为，实验教育学的目标是“根据生物学、社会学以及道德学的定律和规范，用实验、统计和有系统的观察来解决教学上和教育上的问题”。实验教育学强调的定量研究成为 20 世纪教育学研究的一个重要范式，极大地推动了教育科学的发展。但是，实验教育学只看到人生物性的一面,而忽视了人社会性的一面。而且,实验教育学有把定量分析和理论思维对立起来的倾向,这是不足取的。

(二)文化教育学

文化教育学于20世纪20年代诞生于德国,又被称为“精神科学教育学”。其代表人物和作品有狄尔泰(1833年至1911年)及其《关于普遍妥当的教育学的可能》(1888年)、斯普朗格(1882年至1963年)及其《教育与文化》(1919年)。

体验和体验论、理解和理解论、陶冶和陶冶论、唤醒和非连续性、价值论和目的论等是文化教育学的理论范畴体系。文化教育学思想有三个主要特点。其一,广泛吸取其他哲学思想的营养。其二,研究重点是教育哲学方面的问题,很少论述具体的教学问题。其三,强调“教育是文化过程”。它把创造文化作为教育的手段,即通过创造文化来促进生成人格和唤醒灵魂。文化教育学是20世纪西方最重要的教育哲学流派。其不足之处是思辨色彩过于浓厚,缺乏解决现实教育问题的有针对性、可操作性建议。

心语感悟

教育即文化的别名。

——斯普朗格

(三)批判教育学

批判教育学产生于20世纪70—80年代。它是批判理论与教育学联姻的产物,是批判理论在教育内迁移和具体化的结果。批判教育学基本上形成了两个不同风格的流派。一派主要流行于德国,谨慎地遵循着批判理论的传统,具有一定的保守性和封闭性。其代表人物是阿普尔等。另一派主要流行于英美地区,并不囿于“批判理论”的世界观与方法论,富有创新精神与开放意识。其代表人物是莱姆普特等。

理论、权力、文化、政治、民主是批判教育学的五大基本要素。批判教育学主要特征有以下几点:第一,基本认识是教育应该是政治的;第二,基本立场是站到妇女、劳工、有色人种等弱势群体一边;第三,用阶级分析的方法研究教育问题;第四,改造和解放是两大实践目标;第五,研究活动和教育教学活动是实践内容;第六,“批判和可能的语言”是实践途径。批判教育学对德国乃至整个西方的教育实践和教育改革产生了深远的影响。但是,该流派的核心是一种泛化的意识形态批判,忽视了如何在实践中谋求真实的解放。

(四)马克思主义教育学

马克思主义教育学是马克思主义和教育学相结合的产物。其代表人物有马卡连柯、凯洛夫、赞科夫、维果茨基以及苏霍姆林斯基等。

马克思主义教育学的基本观点包括以下六个方面:第一,促进学生的全面发展是教育的根本目的,教育与生产劳动相结合、体力劳动和脑力劳动协调发展是实现教育目的的方式;第二,教育起源于生产劳动,劳动方式和性质的变化必然引起教育形式和内容的改变;第三,教育是一种社会现象,是人类有意识的、特有的活动;第四,在阶级社会里,教育具有鲜明的阶级性；第五，教育既受政治、经济、文化等因素的制约，又反作用于这些因素；第六，马克思主义唯物辩证法和历史唯物主义是教育科学研究的方法论基础，既要看到教育现象的复杂性，又要坚信教育有规律可循。

进入21世纪后，为适应时代的发展和教育的新形势，教育学的研究领域不断扩大。教育学对教育问题的关注也不再局限于孤立的教育领域，而是不断汲取其他学科的研究成果，不断综合其他学科的研究方法，逐渐形成日趋完善的教育科学体系。

温故知新

教育有广义的和狭义的之分。广义的教育是指所有能够增进知识、提升技能以及影响观念的活动。狭义的教育主要指学校教育，即由专职人员和专门机构承担的有目的、有组织的有系统的，以影响受教育者身心发展为直接目标的社会活动。教育者、受教育者和教育影响是构成教育活动的三个基本要素。关于教育起源的主要代表观点包括神话起源说、生物起源说、心理起源说以及劳动起源说。

在人类社会发展的不同阶段，教育表现为不同的特点。古代社会教育表现为阶级性、专制性、道统性、象征性以及刻板性等。近代社会教育表现为公立化、法制化、义务化、世俗化等。现代社会教育表现为终身化、全民化、民主化、多元化以及信息化等。

教育学是研究教育现象和教育问题、探索教育规律的一门社会科学。其研究任务是解释教育现象、揭示教育规律、解决教育问题。教育学与其他社会科学一样，有一个漫长而又短暂的历史。无论是中国的孔子、墨子、老子、庄子、董仲舒、朱熹、王阳明、王夫之等，还是西方的苏格拉底、柏拉图、亚里士多德等，都有着丰富的教育思想。

教育学作为一门独立的学科萌芽于扬·阿姆斯·夸美纽斯的《大教学论》。让-雅克·卢梭的《爱弥儿》提出了以人的自由发展和自然教育为基础的培养新人的教育理想，奠定了其在教育史上的地位。伊曼努尔·康德高度推崇人性、人的尊严，充分肯定人的价值。约翰·亨里希·裴斯泰洛齐是第一个明确提出"教育心理化"口号的教育家。约翰·洛克提出了著名的"白板说"。约翰·弗里德里希·赫尔巴特第一个提出要使教育学成为科学。其《普通教育学》是第一部具有学科形态的教育学著作。约翰·杜威建立了完整的实用主义教育思想体系。当代，教育学迅速发展，出现了实验教育学、文化教育学、实用主义教育学、批判教育学、马克思主义教育学等教育流派和教育思潮。

【本章练习】

1. 名词解释：教育、教育学。
2. 试分析教育的基本要素及其相互关系。
3. 试比较古代教育、近代教育和现代教育三者之间的异同。
4. 有些教师说，他们没有学过教育学，但一样教了几十年课，培养出一批又一批的学生。还有些教师说，孔子没有学过教育学，但并不妨碍他成为万世师表。你认为上述观点正确吗？运用所学理论进行分析。

第二章
教育与社会发展

【内容概要】

☆ 经济对教育的制约作用
☆ 教育对经济的促进作用
☆ 政治对教育的制约作用
☆ 教育对政治的反作用
☆ 文化对教育的制约
☆ 教育的文化功能

第一节　教育与经济

问题引入

教育与经济关系的理论有哪些？经济对教育的制约表现在哪些方面？教育对经济的促进作用又表现在哪些方面？带着对这些问题的思考进入本节的学习。

一、教育与经济关系的主要理论

（一）人力资本理论

20 世纪 60 年代，美国经济学家舒尔茨和贝克尔创立的人力资本理论，开辟了人类关于人的生产能力分析的新思路。人力资本理论的主要内容是：人力资源是一切资源中最主要的资源，人力资本理论是经济学的核心问题。在经济增长中，人力资本的作用大于物质资本的作用。人力资本投资与国民收入成正比，比物质资源增长速度快。

人力资本的核心是提高人口质量，教育投资是人力投资的主要部分。不应当把人力资本的再生产仅仅视为一种消费，而应视同为一种投资。这种投资的经济效益远大于物质投资的经济效益。教育是提高人力资本最基本的主要手段，所以也可以把人力投资视为教育投资问题。生产力三要素之一的人力资源显然还可以进一步分解为具有不同技术知识程度的人力资源。高技术知识程度的人力带来的产出明显高于技术程度低的人力。教育投资应以市场供求关系为依据，以人力价格的浮动为衡量符号。

（二）筛选假设理论

“筛选假设理论”，即“文凭理论”，主要代表人物是伯格。1970 年，他出版了《教育与职业：训练大盗》，书中针对当时经济不景气的状况导致的如“文凭膨胀”“过度教育”“高失业率”等社会问题，对“人力资本理论”提出了强烈的质疑，并将人力资本理论训斥为“训练大盗”。之后，经济学家迈克尔·斯宾塞和罗伯特·索洛等指出：“20世纪50年代和60年代发展中国家的教育扩张并未加速这些国家的发展，反而使受教育者大量失业，这就印证了人力资本理论关于教育提高生产率，促进经济发展的论述是不正确的；教育的主要作用不在于提高人的认知水平，而是对具有不同能力的人进行筛选。”①

“筛选假设理论”其主要观点是：教育是一种筛选机制，帮助雇主区别不同能力的求职者并将它们安置到不同职业岗位上。为了解到求职者的一些看得见摸得着的个人属性和特点，雇主需要一种筛选方式，而这种筛选可以分为两类。一类是天生而不能改变的，如性别、种族、家庭背景等，被称作“标识”。另一类是后天获得可以改变的，如教育程度、婚姻状况、个人经历等。后一类被称作“信号”。雇主可以凭借标识和信号，特别是教育信号了解求职者的能力。它把教育看作是一种信息，着重研究在劳动力市场上雇主是怎样挑选工人的。其主要观点为：同意人力资本理论把教育程度与工资收入水平看作是正比例关系。教育程度高，工资水平相应也高。

（三）劳动力市场理论

“劳动力市场理论”的主要代表人物是迈克尔.批奥雷、马丁·J.多林格等。该理论出现在20世纪70年代，原型是在20世纪60年代对城市低收入人口的经济研究中产生的。他们认为：人力资本关于教育与工资关系的分析不确切，关于教育水平与个人收益成正相关的论断不全面，因其没有考虑“劳动力市场内部结构”对个人收益的重要影响。“劳动力市场理论”的主要观点是：劳动力市场是由主要劳动力市场和次要劳动力市场两个不同部分组成的。不同背景的人将进入不同的劳动力市场从而享受不同的待遇。

主要劳动力市场提供的是大公司、大企业和大机构中的职业岗位，雇员工作稳定，工资较高，晋升前景良好，自主性大；次要劳动力市场提供的是小公司、小企业的职业岗位，雇员工作不稳定，工资较低，工作条件差。两个市场之间具有相对封闭性，它们之间的人员很少相互流动。教育与个人收入之间的连接关系和个人的生产力本身并不相关。一个人的工资水平主要取决于他在哪个劳动力市场工作，教育只是决定一个人在哪个劳动力市场工作的重要因素之一。

二、经济对教育的制约

教育与经济作为社会大系统中的子系统，不可避免地会发生相互作用。经济是社会发展的基础，也是教育的基础。经济发展的水平也决定着教育发展到何种水平，所以经济对教育有很重要的影响，以下就是经济对教育的一些制约的方面。

（一）经济的发展水平制约着教育事业发展的规模和速度

任何社会办教育都必须以一定的人力、物力、财力为基础，必须以现实生产力发展水平所能提供的物质条件为前提。在生产力发展给教育提供一定的物质条件的同时，也对教育事业的规模和速度产生制约和影响作用，要求它的发展与之相适应。一般来说，生产力发展

① 约翰·杜威.民主主义与教育[M].王承绪，译.北京：人民教育出版社，1990，23.

水平较高的国家，公共教育经费在整个国民收入中所占的比重也高。反之则较低。所以，只有积累了一定的社会财富，以及有一定文化知识水平的人去从事生产，教育才会得到发展。

（二）经济的发展水平制约着人才培养的规格和教育结构

教育的根本问题是培养什么样的人的问题，但人才培养的规格或标准如何，以及需要建构怎样的教育结构来培养这种规格的人才等问题，并不是完全由教育本身来决定的。从根本上来说，这是由社会生产力发展水平决定的。教育结构主要指构成教育体系的各个部分之间的比例关系及其结合方式，例如教育的程度或级别结构、类别或专业结构。经济的复杂制约着人才培养的规格和教育结构。教育要培养什么样的人，是依据其所在社会的经济发展水平的。不同经济发展的水平时代对教育有不同的要求。

（三）经济的发展水平制约着课程的设置和教学内容的选择

第一，生产力的发展所带来的科学知识的不断积累和发展为学校教学内容的丰富和完善、为学校课程设置的调整提供了可能的客观条件；第二，生产力的发展又要求教育培养出来的人能够适应生产力发展的状况，能够掌握生产上所需要的知识和技术，这又为教学内容的选择和课程设置的调整提出了客观要求；第三，由于不同时代的生产力和科学技术发展水平不同，各个时代使用的生产工具不同，生产力发展对人才培养规格的要求也就不同，因此，学校的课程门类、课程结构、课程内容也各不相同；第四，教学内容的历史发展也证明，学校的课程，特别是自然科学方面的内容，是直接受制于生产力发展的。

（四）经济的发展促进了教育教学方法、手段和教学组织形式的变革与发展

学校的物资设备、教学实验仪器以及组织管理所使用的某些工具和技术手段，不但反映了社会生产力的发展水平，而且随着生产力的发展水平的提高而逐步获得提高。经济的发展促进着科学技术的发展与更新，也促进着教学内容的发展与更新。又如，经济的发展促进着教学方法和教学组织形式的改革，则更为明显。幻灯放映、化学实验、电影在教学中的应用都表明了教育与经济的密切联系，教育的改革都是以经济的发展为前提条件的。①

视野拓展

中国第一所网络大学

万门大学（WAN MEN UNIVERSITY），中国第一所网络大学，由北京大学物理系学士、巴黎高等师范学院理论物理硕士童哲（校长）创办。万门大学建立于 2012 年，致力于降低教育的门槛，为社会提供免费的高品质学习课程。“万门”是 ONE-MAN 的谐音，表示一个学生可以通过自身的力量广泛学习和创造，为自己打开千万扇门，千万条路。万门大学将可供自学的培养计划及教材分科提供给用户，并已逐步推出中文视频课堂免费发布的网络教学平台。截至 2014 年 9 月，万门大学公共主页已有好友近 14 万。

---

① 颜泽贤，张铁明. 教育系统论[M]. 开封：河南教育出版社，1991，57.

三、教育对经济的促进作用

教育是劳动力再生产的重要手段。劳动力是人的劳动能力，是人的体力和智力的总和。表现为能够生产某种使用价值的体力和智力总和的生产力。教育使可能的劳动力转变为现实的劳动力的基本途径，是劳动力再生产的重要手段。一个人在他还没有掌握劳动的知识经验技能技巧时，只是一个可能的劳动力。只有通过一定的教育和训练，使人掌握劳动的知识经验和技能技巧，才能使人从可能的劳动力转变成为现实的劳动力。从这个意义上来说，教育是劳动力再生产的基本途径。

从现代生产的特点来看，随着生产的社会化和生产的专门化的发展，产品已经变成多种机构(如生产企业、研究设计单位等)和多种人员(工人、技术人员、工程师等)协作劳动的成果。这样，劳动力已经不再只是局限于直接使用和操纵生产工具的人。也就是说，“劳动力”这一概念的外延在社会化大生产条件下已经有了极大的扩展，除直接使用和操纵生产工具的工人之外，工程技术人员、科研人员等都已经成为直接生产领域的物质生产者，成为劳动力的重要组成部分。科学技术作为现代生产力的极其重要的“附着性要素”，可以分别“附着”在劳动者、生产工具和劳动对象身上，从而大大改善和提高上述各个要素的素质和水平，有力地推动生产的发展和经济的增长。

人力资本是体现在人身上的资本，即人所拥有的如知识、技能及其他类似的可以影响其生产工作效率、质量的能力。它是资本的形态，因为它是未来薪水和报酬的源泉；它是人的资本形态，因为它体现在人身上，属于人的一部分。美国经济学家舒尔茨曾经说过：“教育投资收益在劳动收入增长的比重是70%，在国民收入增长中所起的作用是33%”。具体来说，教育对人力资本的提升体现在：教育能够提高劳动者的科学知识素养与劳动技能素养，能提高劳动者的道德素养，能提高劳动者学习知识和技能的能力，缩短学习新技术的时间。另一方面，教育是科学知识再生产的手段，教育再生产科学技术，促进劳动对象和劳动手段的更新是使知识形态的生产力转化为直接的生产力的重要途径。教育还是创造和发展科学技术，产生新的科学技术知识的手段。

现代教育能有效提高劳动生产率。马克思指出，提高劳动生产率的因素有工人的平均熟练程度，科学的发展水平和它在工艺上应用的程度，生产过程的社会结合，生产资料的规模和效能以及自然条件等。一是，劳动生产率取决于劳动者的质量。劳动生产率随着劳动者受教育程度的提高而呈现出提高的趋势。二是，要看劳动过程中的劳动手段、劳动对象的性能和质量。现代教育对经济增长的作用，正是通过将知识形态的生产力世代传递下去，提高劳动者的素质，把隐藏在劳动者内在的潜在生产力转化为现实生产力，从而推动劳动生产率的提高和经济增长。

事实证明教育是促使经济腾飞的根本。日本第二次世界大战后经济得以迅速发展，教育功不可没。从明治维新开始，日本就注意发展教育，第二次世界大战后，落实教育立国战略，从而使日本在20世纪80年代末的劳动生产率和人均国民收入居西方七个经济大国的榜首。韩国政府在20世纪50年代开始重视教育，结果在30多年中完成了从农业经济到新兴工业化经济的转变，成为世人瞩目的亚洲“四小龙”之一。

此外，现代教育能促进经济发展的全球化。经济全球化是指随着社会发展，各国和各地区间的联系和依存越来越密切，世界市场正在形成。全球化是一把“双刃剑”，全球化的发展趋势要求每一个国家必须具备一定的国际竞争力。提升国际竞争力的措施包括:提高国民素养,培养大批高尖端、科技人才,加强技术创新和制度创新。加强国际交流与合作。而这些措施的具体落实又需要依靠受过良好教育的高素质公民和良好的社会环境,所以经济发展的全球化对现代教育提出了更高的要求。

教育与生产力的关系

教育的个人投资收益是每个家庭都关心的社会问题。当前,在广大的农村,出现了农村家庭因为子女接受高等教育而经济严重负债的现象,以至出现了"种田不如老子,养猪不如嫂子,花费超过几家子"的情况。

请根据所学"教育与生产力的关系"分析这种现象。

需要指出的是:要正确看待教育的经济功能,教育生产并不等于经济生产。教育具有间接性、高效性、长效性和滞后性的特点。

第二节　教育与政治

问题引入

政治制度对教育的制约表现在哪些方面?教育对政治的促进作用又表现在哪些方面?如何看"教育救国论"?带着对这些问题的思考进入本节的学习。

一、政治制度对教育的制约

一定社会的政治制度必然影响和制约着教育的发展。总体来说,政治、制度决定着教育的性质。也就是说,政治制度决定着教育的思想政治方向和为谁服务的问题,但非决定着教育的一切。

政治制度决定着教育的领导权。人类社会的发展史表明,政治上、经济上的统治者同时也是教育上的统治者,统治阶级总是依靠其掌握的政治、经济权力,从而掌握着教育的领导权。一方面,他们通过国家政权颁布法律、政策、法令,规定办学宗旨、方针,以强制的手段监督执行,并通过派遣和任免教育行政人员等有效手段掌握教育的领导权;另一方面,他们还利用经济的力量来掌握教育的领导权,他们控制着教育经费,通过国家拨款和个人捐献等办法,实际上左右着教育的发展;此外,统治阶级还利用其统治思想作为指导来编写或审定教科书、教学参考书和各种课外读物等,以保证思想上的统治地位。

政治制度决定着受教育的权利。一定社会的政治制度不仅决定什么人、哪个阶级掌握领导权,而且决定由哪些人分享各种权力和权利。

政治制度决定着教育目的的性质和思想品德教育的内容。教育目的的性质指的是教育要培养为什么样阶级利益服务的人的问题。在一定的政治制度下，统治阶级掌握着教育的领导权，决定着哪些人享有受教育的权利，这也就必然制约教育目的的性质。另外，教育上要培养什么样的人，受教育者要具备什么思想品德和政治方向，以及为实现教育目的而选择什么样的政治、哲学、道德的教育内容，都是由社会的政治、经济制度决定的。

政治制度决定着教育的管理体制。教育的管理体制直接受制于社会关系。在教育的发展历史上，不同的社会政治、经济制度历来决定着不同的教育管理体制。

心语感悟

古之王者，建国君民，教学为先。

——《学记》

二、教育对政治的促进作用

教育为一定社会的政治制度培养所需要的人才，促进政治体制的变革。日本的政要出自东京大学和早稻田大学的占60%；哈佛大学曾经培养了6位美国总统。英国的内阁成员中有61%毕业与牛津大学与剑桥大学。于是有人说："成功的仕途取决于成功的教育"。

教育传播一定的政治观点、意识形态和法律规范，促使年轻一代政治化，以维系社会政治的稳定。根据社会的政治需要，培养符合一定阶级需要的政治管理人才，保证一定社会政治的巩固与稳定。教育能够制造和传播政治舆论和思潮，影响社会政治稳定和发展。

教育通过提高全民文化素质，促进社会政治民主化。通过教育培养具有一定政治素质的社会公民是教育维系社会政治稳定的一个突出表现。社会统治阶级总是要通过教育造就公民，使其具有政府或执政党所需求的政治理想与信念，而教育则可以使公民的民主意识、民主观念得以养成。所以，教育的发展及其国民素质的提高是实现社会政治民主化的重要前提与保证。

教育是一种形成社会舆论，影响政治经济的舆论力量。历史的"五四运动"与"一二九运动"都是有学校的教师和学生最先发起和推动的。

教育有助于政治信息的加工与传播。国家的政治主张、见解等政治信息要为广大民众所熟悉、掌握，并得到支持，必须加强政治信息的广泛传播。政治信息的流动分为纵向和横向两个层次。所谓纵向流动，是指政治信息的历史传承。所谓横向流动则是指政治信息在同一时期内在不同个体之间的传播。这两种流动都离不开教育。在现代社会中，只有对公民进行教育，使公民有效地参与政治活动，才能使公民对一些政治认知、政治信念、政治感情、政治态度、政治价值观等政治信息进一步传承。

教育有助于世界政治求同存异、共同发展。当代全球政治出现了多极化局面，全球政治冲突发生在不同文化族群、不同利益集团之间，文明与经济冲突将影响全球政治。同时，文明冲突背后又隐藏着求同存异、共同发展的趋势。教育作为传播文明的重要手段，在讲究资源共享，强调通过国际沟通与合作，加强全世界各民族之间的交流、理解，以及相互尊重、认可或保留彼此的文化意识等方面，将会起到非常重要的作用。

教育在社会流动中的作用。社会流动是指社会成员从某一种社会地位转移到另一种社会地位。综观世界各国社会流动的发展，现代教育在社会成员的流动中起着重要作用。在同一阶级中，教育具有“提升机”的作用，使同一阶级中不同社会成员的地位发生一系列的变化；在不同阶级中，教育具有“筛子”的作用，通过教育筛选出较低阶层的社会成员进入上层社会，这是社会发展的必然趋势。

第三节　教育与文化

问题引入

文化对教育的制约表现在哪些方面？教育对文化的促进作用又表现在哪些方面？带着对这些问题的思考进入本节的学习。

文化一词来自拉丁文，意为耕作、培育、教育、发展等。广义的文化是指与“自然”相对应的概念，是由人所创造的、非自然所提供的、社会性的人适应环境的超生物手段与机制的总和，包括物质文化、制度文化和精神文化。狭义的文化仅指精神的或观念性文化，主要是指人类以社会成员的身份所习得的整体经验，包括知识、信仰、艺术、道德、法律、风俗及其他一切能力和习惯。更狭义的文化仅指文学艺术。

一、文化对教育的制约和影响

教育是一种特殊的文化。与政治经济相比，文化对教育的制约作用具有广泛性、基础性、深刻性和持久性。文化传统制约着教育目的的制定。文化制约着教育的内容和水平，文化是教育的基础。

文化水平影响教育发展水平。古代社会，人类对整个自然界、社会所知甚少，教育的发展水平也就停留在以原始宗教教义为主要内容的发展层面上。近代社会，自然科学初步发展，教育发展水平处于科学教育起步阶段。现代社会，推崇科学，反思科学，教育发展水平处于以对科学的理性反思为主要内容的教育发展阶段。

文化传统制约教育活动过程。文化传统由价值体系、知识经验、思维方式、语言符号组成。它们融入教育活动中，影响着教育的很多方面。价值体系影响着教育发展的轨迹，思维方式和知识经验影响教育的全过程。语言符号作为文化传统传承的条件与工具也深深影响教育活动。这几个部分相互协调、配合，生成了不同的教育体系。此外，由于文化传统不同，即使是同样发展水平和同样社会制度的国家，其教育活动实施也存在一定差异。

文化变迁影响教育发展变革。文化变迁是指文化内容或结构的变化，文化变迁通常表现为新文化的增加和旧文化的改变。文化规定了教育的方向，所以文化变迁或多或少都会对教育产生影响。这些影响既有显性的，又有隐性的；既有正向的，又有负向的。当今时代，文化的“全球化”决定了教育要及时吸收世界范围内的优秀文化及先进的教育理念，医治传统教育的弊病，促进教育体制的改革。

文化模式为教育提供了特定的背景，还从多方面制约了教育的模式。文化模式是种种文化特质相互结合的形式。文化特质是文化的构成要素，主要有行为习惯、思维方式、价值观念、世界观、风俗、传统等。东方文化模式的核心是追求和谐、崇尚德行、关注整体。西方文化模式的核心是追求征服、崇尚理性，关注个性。

二、教育的文化功能

社会文化总是处于不断发展的过程中，要发展就意味着要有创新。没有文化的创新自然也无真实意义上的文化发展。而文化之创新则需要通过教育而实现。一方面，教育对传统文化的传承总是着眼于古为今用，传承文化的过程也是文化更新的过程；另一方面现代社会的急剧变革，现代科技的迅猛发展，必然要求教育突破原有的文化范成，实现对文化的创造、拓展与更新。

值得注意的是，教育对文化的传递和保存，通常是通过一种特殊的方式，即促使文化在不同载体间转移，对文化加以"激活"或"活化"来实现的。当文化仅仅依附于象征符号、物品这两种载体时，它还没有走向"活化"状态。只有通过教育，将文化教给年轻一代，使文化由依附于象征符号、物品，转变为依附于活生生的人这一载体，并使人在实践中运用它，使它成为社会生产和生活的重要内容和手段，这种文化才能在现实中显示它的生命力和价值。如果一种文化不能通过教育的方式一代一代地进行传递，不能在后代身上获得再生，那么，久而久之，这种文化最终不可避免地就要逐渐走向萎缩甚至消亡。所以，通过教育实现对文化的传递，也就意味着将文化置于一个安全的"保险箱"中，确保其能够得到很好的保存和延续。

视野拓展

孔子学院

孔子学院，是中国国家对外汉语教学领导小组办公室在世界各地设立的推广汉语和传播中国文化与国学的教育和文化交流机构。全球首家孔子学院 2004 年 6 月 15 日在乌兹别克斯坦塔什干正式设立，截至 2014 年 9 月，中国国家汉办已在全球 123 国合作开办了 465 所孔子学院和 713 个孔子课堂，成为汉语教学推广与中国文化传播的全球品牌和平台。孔子的学说传到西方，是从 400 多年前意大利传教士把记录孔子言行的《论语》一书译成拉丁文带到欧洲开始的。而今，孔子学说已走向了五大洲，各国孔子学院的建立，正是孔子"四海之内皆兄弟""和而不同"，以及"君子以文会友，以友辅仁"思想的现实实践。

教育作为一种文化价值的引导工作，在对文化进行传递和传播时，必然要对其进行一番"筛选"和"过滤"。这意味着，并非所有的社会文化都可以进入教育传播渠道，有相当多的消极异质的文化成分，必然要被阻挡在学校教育的大门之外。通过教育对文化有目的、有意识的主动选择和净化，可以使人类文化宝库中的优秀成分得到传承和发扬光大，同时，使文化中的糟粕得以扬弃。这不仅对促进文化自身的兴盛与繁荣具有重要意义，而且对促进年轻一代的健康成长，对推动社会的发展与进步，都具有重要意义。

教育促进社会主流文化的批判与继承。主流文化是指在一定的社会或地域中占据主导地位、起着主流作用的文化。教育有受制于社会文化的一个方面，教育又有反作用于社会文化的一个方面。教育具有传承、创新及融合文化的功能，教育使人具备了一定解读文化的本领。教育自产生之日起就是作为批判、传承文化的重要手段而存在，教育是传递文化的重要工具。

教育促进多元文化的发展。当前世界各个国、民族文化存在共性的东西，在强调主流文化的同时，也要注重多元文化的传承、保留和发展，求同存异，共同发展。教育的重要作用是传播文化，教育应重视发展多元文化，促进各社会群族间在文化上的相互尊重与和谐发展。

教育有利于文化创新。文化的创新需要通过教育来实现。一方面，教育对传统文化的传承总是着眼于古为今用，传承文化的过程也是文化更新的过程；另一方面，现代社会的急剧变革，现代科技的迅猛发展，必然要求教育突破原有的文化范式，实现对文化的创造、拓展与更新。总之，文化与教育的关系是比较密切的。一方面，教育与文化是相互制约的，另一方面，教育与文化是相互依存、相互促进的。

第四节　科技、人口与教育

问题引入

科学技术对教育的制约表现在哪些方面？教育对科学技术的促进作用又表现在哪些方面？人口和教育的相互影响表现在哪些方面？带着对这些问题的思考进入本节的学习。

一、科学技术对教育的影响

科学技术可以影响教育的内容、方法和手段。科学技术迅猛发展，知识更新周期缩短，促使教育内容不断更新，在教学过程中，不断更新教材内容，补充最新科学技术知识，使学生掌握最新科学技术知识。国外学校非常注重课程内容的更新。近年来，我国课程内容更新的速度也在不断加快，过去课程内容严重滞后的状况得到一定的改观。

科学技术革命影响教育模式和教学手段的变革。传统教学沿袭“教师—教材（文字）—学生”的知识教育模式，教材成为师生互动的桥梁。科技革命使教师借助现代技术向学生传授知识，催生出“教师—教材（文字或音像）—多媒体—学生”的新型教学模式。新教学模式改变了认识事物的过程，改变了某些教学原则，改变了教学内容，极大地提高了教育教学质量。

科学技术影响教育者。如果没有科学技术来武装教育者，那么教育者就不能用自己的智能去有效地影响学生，而一旦科学技术渗透教育者身上，教育者的教育能力就将得到大幅度提高。

总之，科学技术正是通过影响教育内容、教育模式和教育手段、教育者，从而影响教育的进程与教育的质量。

二、教育对科学技术发展的作用

教育与科技是相互促进的关系。一方面，教育促进了科学技术的发展，另一方面，科学技术又进一步推动现代教育的进步。

现代教育是科技人才培养的摇篮。教育是培养科技人才的重要手段，通过教育活动，前人经验以及科学文化知识被传授，学习者通过消化、吸收而内化成自己的知识体系，并在此基础上进行发明和创新。有人说："在当代，国家实力的竞争，关键是科技力，基础是教育，焦点是人才"。培养科技人才，就必须重视教育。许多国家都把通过教育提高国民的科技素质看成是提升21世纪国际竞争力的关键。

现代教育有利于科技知识的传承与创新。人类积累的科学知识、经验要依靠教育才能得以传承和创新。特别是通过教育培养出来的人，能在前人的基础上继续新的发明创造，从而促进科学技术的发展，推动生产力的不断进步。可以说，教育是再生产新的科技知识的手段。

高等学校的教学、科研、服务一体化，不断地产生着新的科研成果就是一个明证。高等学校由于学科齐全，学者专家密集，科研力量比较集中，便于综合性课题和边缘科学研究的开展。因此它是进行科学研究、发展科学技术的一个重要方面。

现代教育有利于国民科技意识和科学精神的养成。提高国民科学素养，培养国民科技意识，注重国民科学精神的养成等一切活动都离不开教育。科学精神主要是指科学主体在长期的科学活动中所积淀的价值观念、思维方式和行为准则等的总和。继承基础上的创新精神是科学精神的核心内容；实事求是是科学精神的基本要素；辩证的怀疑和批判意识是科学精神的内在要求；协作精神是科学精神的构成要素。①

1992年中国科协调查结果显示：中国公众具备科学素养的比例为0.3%，仅为美国1990年调查结果6.9%的1/23，约为欧共体12国1989年调查结果4.4%的1/15。调查结果显示：我国公众还不具备基本程度的科学精神和科学意识；不具备基本程度的科学思维方法；不具备用科学方法思考和解决社会与生活中的各种问题的能力。针对这个现状，要通过发展教育，培养科技意识和科学精神。首先，重视科普教育，提升全民科学素养，营造尊重科学的氛围。其次，重视基础教育，培养学生对科学的兴趣与爱好，引导学生相信科学、尊重科学、学习科学、运用科学。②

三、人口对教育的影响和制约

人口是指生活在一定社会、地区的个体的总和。人口状况通常包括人口的数量、人口的质量和人口的结构。

人口数量影响着教育规模和教育发展战略重点的选择。首先，一定数量的人口及人口增长率影响着教育事业发展的规模和速度。其次，人口增长还影响和制约着教育发展战略

① [德]雅斯贝尔斯.现时代的人[M].周晓亮，宋祖良，译.北京：社会科学文献出版社，1992，108.

② 吴季松.知识经济21世纪社会的新趋势[M].北京：北京科学技术出版社，1998，83.

目标的实现和战略重点的选择。

人口质量影响着教育质量。人口质量是一个表明人口各方面素质综合发展水平的概念。它一般包括人口的身体素质、科学文化素质和思想道德水准。人口质量对教育质量的影响主要包括直接影响和间接影响两个方面。入学者已有的水平直接影响着教育质量;而间接影响表现为,年长一代的人口质量影响着新生一代的人口质量,从而影响教育的质量。

人口年龄结构影响着教育结构。首先,人口的年龄结构制约着各级教育发展的规模和进程。不同的人口年龄结构对教育发展提出的要求是不尽相同的。其次,人口的就业结构制约着学校教育结构。另外,人口的地域分布制约着学校布局。

四、教育对人口的影响

现代教育可以控制人口数量,是控制人口增长的重要手段。教育是控制人口增长的一个长期起作用的重要手段。一些人口学家的研究结果显示:全体国民受教育程度的高低与人口出生率的高低成反比。

现代教育可以改善人口素质,提高人口质量。人口质量主要体现在人的科技水平、文化修养和思想觉悟、道德水准等精神因素上,教育作为促进人德智体美全面发展的实践活动,其直接的效果就是提高人口质量。因此可以说,教育是改善人口素质,提高人口质量的根本途径。

现代教育可以使人口结构趋向合理化。人口结构包括人口的自然结构和社会结构。自然结构是指人口的年龄、性别等方面的比例,社会结构是指人口的阶级、文化、职业、地域、民族等方面的比例。人口结构的合理化是指人口结构有利于社会生产和人口的自然平衡。教育促使人口结构合理化主要表现在:第一,教育可使人口的性别结构合理化;第二,教育可使人口的城乡结构合理化。人口的城乡结构实际上就是城镇人口的比重。城镇人口比重的大小是衡量一个国家经济发展水平特别是工业发展水平高低的重要标识。

现代教育有助于人口迁移。人口迁移是指人口从一个地点向另一个地点的迁居活动。教育对人口迁移的影响主要表现在以下两个方面:第一,受过教育的人口更容易进行远距离迁移;第二,教育本身实现着人口的迁移。

第五节　教育的相对独立性

问题引入

什么是教育的相对独立性?为什么说教育是特殊的社会实践活动?带着对这些问题的思考进入本节的学习。

一、教育的相对独立性

教育的相对独立性是指教育具有自身的规律，对政治经济制度和生产力具有能动作用。伴随社会的发展，教育的社会功能日渐突出，并日益受到重视，但教育的本体价值功能却受到忽视。研究教育的相对独立性对全面正确理解教育与社会的关系具有重要意义。虽然教育作为社会系统的子系统，在一个开放的系统中，同其他子系统发生这样或那样的联系，但教育有自身的特点，具有一定的相对独立性。

教育的相对独立性涵盖两个层面：一是教育的相对性——是指教育依靠一定的条件而存在，并随着一定条件的变化而变化；二是教育的独立性——是指在一定的社会领域，教育具有自己的问题领域与观念系统及由此而衍生的一系列特有的运行机制、运行规律，使其带有一定的不可替代性。①

二、教育是特殊的社会实践活动

教育是一种相对独立的社会实践活动。教育作为培养人的活动，存在的价值是把人类的生产、生活经验转化为个体的精神财富。这是教育所独有的特点。教学的运行是独立于政治经济制度和生产力之外，同认识活动的规律密切相连。同时，尽管教育内容与社会联系比较紧密，但有些教学方法却有自己的规律性，教育自身的众多规律不是随着社会发展而变化的，具有自身的稳定性。

教育是一种具有历史继承性的社会实践活动。教育以其特定的语言、文字等形式表现和固定下来，有自己的意蕴、发展规律及运行机制，表现出相对独立性。教育意蕴包括教育的思想、制度、内容和方法，它们尽管受政治、经济和生产力的影响，但总体来讲，都是从历史演化而来的，跟以往的教育有着特定的历史渊源，因而具有历史继承性。

教育是培养人的一种社会活动。它要解决的问题是把人类积累的生产斗争经验和社会生活经验转化为受教育者个体的精神财富，形成受教育者的个性。这是教育所独有的特点（如启发教学、循序渐进、因材施教等许多教学、教育的原则和方法，都不会因政治经济制度和生产力的变化而被否定，它对政治经济制度和生产力发展水平而言是相对独立）。

教育具有跟社会发展进程不相适应的一面。教育与政治经济制度和生产力的发展并非完全同步，这有两种情况：一种情况是由于人们的思想意识往往落后于存在，教育的思想和内容也往往落后于政治经济制度和生产力的发展；另一种情况是由于认识了社会发展的规律，根据社会发展的趋势，预见到教育发展的方向，在旧的政治经济制度下，也可能出现新的教育思想。因此，教育与社会发展并不总是完全同行的。教育的发展存在着可能同步于社会发展，也可能超越或落后于社会发展水平的情况。当今世界教育改革重视教育的超前性，重视通过教育引领社会。如“新课改”提出的合作、自主、探究、理解、对话、反思等新理念就具有一定的超前性。

---

① 袁振国.当代教育学[M].北京：教育科学出版社，1998，89-90.

三、教育相对独立性与教育的发展

作为社会前进动力的教育，其合目的合规律的运行是最大程度发挥功能的重要条件，人们需要教育，需要摆脱依附状态的有着自己话语系统的教育，这或许是教育的最高理想。随着人们对教育相对独立性认识程度的深入，教育也出现了一些新的发展趋势：一方面，教育力图摆脱传统的、守旧的社会限制因素对其的束缚；另一方面，教育更多地表现出对当下的、具体的现实需要的超出，即超越的特征。而这一超越价值的实现，当然也离不开"生于斯、长于斯"的社会历史环境，在追问"教育能为我们做点什么？"的时候，是否该加上一句"我们也为教育做点什么？"

第二次世界大战以后，各国相继进行了以教育民主化为核心内容的教育改革，因为法西斯的暴行使人们反思，通过教育形成对文化差异和文化多元持理解和宽容态度，是获取社会凝聚力、和平共处，以及通过协商而非诉诸武力解决争端并最终实现世界和平所不可或缺的先决条件。

许多学者倾向于把教育民主化理解为"受教育机会的平等"。如"教育民主化指越来越多的教育机会，受到越来越充分的民主教育"。"教育民主化的实质是指国家必须从政治上或法律上保证全体社会成员不论其地位、种族、性别都有机会有受限制的受到教育"。应当承认，这是问题的一个重要方面，但我们更强调政治民主是如何在教育领域里扩展与延伸的。例如，从教育管理机制上来看，需要有越来越多的管理权限的下放；从运行机制上来看，教育应坚守自己的阵地，按照自身发展规律进行运作；从目标系统上来看，倡导贴近生活的教育与回到人的教育。故而教育的民主化应当是保持教育相对独立性的最有效的保障，也是其核心内容，20 世纪 80 年代以来，这种意识已被发达国家与发展中国家共同接纳，形成共识。许多国家也把教育决策和政策的民主化列为一项重要的改革内容。这说明，民主化的教育将是 21 世纪教育发展的主流倾向。

（一）越来越多的教育管理权限的下放

在任何社会里，教育的领导权属于政治上的教育工作者参与决策，并且在可能的范围内，让他们自己去决定教育中的事情。

（二）教育要固守自己的阵地，不再扮演"消防队员"的角色

"我们常有意无意地把教育的社会功能理解为直接参与社会目标的完成。把所要达到的结果当作教育的直接的具体行为，甚至用社会的具体目标完全取代教育自身的目标"。我们很少给教育创造一个相对安静的发展环境，教育像"消防队员"一样，四处出击，似乎处处都用得上它，究其原因，主要是人们往往把教育与社会生活之间进行简单联系。前几年"商潮"兴起时，学校破墙开店，教师下海成风等，都构成了对教育正常秩序的破坏，教训十分深刻。科学地理解教育与社会生活的千丝万缕的联系，利用教育优势辐射教育影响，这是现代教育相对独立性的表现形式之一。强调教育与社会适应，并不是要求把学生原原本本地送到社会上去直接参与社会生活。教育应以其独特的功能把社会的要求折射到学校教育中来。

（三）“人的教育”的回归

教育本身也要进行深刻的反思。这几年，教育理论界贴近生活世界的教育与回到人的教育的呼声日益高涨，最主要的原因就是作为教育理论基石的哲学在20世纪产生了一个共同的学术取向，无论是胡塞尔的现象学、维特根斯坦的语言哲学，还是海德格尔的存在主义，都毫无例外地表现出对生活世界的关注，这对丰富和加深关于人类社会结构、人类文明的演进的内涵及内在机制的理解具有重要的理论启发价值。日本教育家小原国芳在他的《完人教育论》中呼吁：“我只想把出发点归之于人。回到人！回到人！只进行人的教育，无论主观愿望如何，回到人，进行人的教育，便会有真正的教育”。

教育曾被称之为“目中无人”的教育，因为过多地强调社会化，而忽视了只有社会化与个性化的统一才能塑造出多样化的人格特征。更倾向于用统一模式、统一规格去影响学生，这种教育产品素质不高，缺乏创新精神，落后于时代的发展，因此，必须回到“人的教育”促进每一个人在教育过程中获得最大发展的可能性。这种可能性集中地体现在人的整体素质中，即科学素质、人文素质、身心素质的完美结合。

第六节　教育与社会主义建设

问题引入

当今社会发展对现代教育提出了哪些挑战？教育在社会主义现代化建设中发挥着怎样的作用？为什么要优先发展教育？带着对这些问题的思考进入本节的学习。

一、当代社会发展对现代教育的需求与挑战

“现代化”“全球化”“知识经济”“信息社会”“多元文化”驱动的社会背景带给现代教育的既是机遇，又是挑战。在机遇与挑战面前，现代教育必须做出调整，并以变革的姿态应对社会发展对教育的需求与挑战。

现代化与教育变革。所谓教育现代化，是指教育适应时代的发展，反映并满足现代生产、现代科学文化发展需要，达到现代社会所要求的先进水平。它包括：教育观的现代化、教育目标的现代化、教育结构的现代化、教育内容的现代化、教学手段和方法的现代化、教育理论的现代化、教育研究方法的现代化。

知识经济，就是建立在知识和信息的生产、分配和使用基础上的经济。它是知识资本化的一种反映；在知识经济中，知识是决定经济增长的关键因素。知识经济时代的特点就在于经济的发展不再取决于劳动力资源和自然资源的占有和支配，主要取决于智力资源的占有和配置，科技成果转化为产品的速度加快，形成知识形态生产力的物化，人类认识和开发新资源能力的大大增强。

全球化与教育变革。全球化就是指人类社会发展到一定历史阶段，由于生产力的发展与科学技术的进步，以经济为主导的政治、经济、文化、社会生活等方面在全球范围内形成互动，汇合成一个全球社会的历史过程和趋势。全球化是以经济全球化为核心，包含各国各民族各地区在政治、文化、科技、军事、意识形态、生活方式、价值观念等多层次、多领域的相互联系和影响。全球化是一个动态变化的历史过程，不是成型的静态的事物；它的本质特征在于跨越地理障碍(包括民族国家界限)的全球范围的交流、融合于一体化过程的加速；全球必须共同面对和克服全球性问题的涌现；经济全球化是全球化的物质基础和必要前提；全球化也是一种认识工具，是观察全球问题的一种新视角、新背景和新框架。

应对策略：转变教育观念，确立国际化的办学战略，包括培养目标的国际化、教学内容的国际化、留学生的交流与交换、教师的交流与合作、学分与文凭的互认等；借鉴国际上先进的教育模式和方法，培养具有国际意识、国际视野和国际竞争力的人才；引进国际教育资本，充分利用国外优质教育资源；加强对环境、能源、人口、道德等全球性问题的研究；正确把握全球化与地方化、国际化与本土化的关系，明确教育发展的定位；认识全球化给教育带来的消极影响，有意识地抵御全球化的风险。

二、教育在社会主义建设中的地位与作用

教育在我国社会主义现代化建设中具有基础性、先导性、全局性的意义。

教育对社会主义物质文明建设的影响。“物”的现代化是社会现代化的基础。而“物”的现代化主要依靠科技的进步和劳动者素质的提高，归根到底必须依靠教育。

教育对社会主义精神文明建设的影响。“一个国家，只有当他的人民是现代人，它的国民心理和行为上都转变为现代的人格，它的现代政治、经济和文化管理结构中的工作人员获得了某种与现代化发展相适应的现代性，这样的国家才可真正称之为现代化的国家”。

教育对我国社会主义政治文明建设的影响。社会主义政治文明建设主要是社会主义民主和法制建设，是我国社会主义现代化建设的重要组成部分，为我国社会主义的物质文明建设和精神文明建设提供可靠的政治保障。“没有民主就没有社会主义，就没有社会主义的现代化。”社会主义制度为建设高度的社会主义民主奠定了基础，但如果不提高人民的文化素养和思想觉悟，人民群众仍难以正确地、充分地行使民主权利。

三、为什么要优先发展教育

优先发展教育是创新型国家建设、实现人才强国战略和科技兴国战略的前提。社会的飞速发展，国际竞争的日益加剧，为发展中国特色社会主义，完成小康社会建设目标，实现中华民族的伟大复兴提供了难得的历史机遇，同时也使我们面临严峻的挑战，要完成这一历史性任务，提高我国的综合实力，核心是建设创新型国家。而创新型国家的建设，不仅要解决体制、机制和财力投入的问题，而且更为关键的是实施人才强国战略。所以优先发展教育，是创新型国家可持续发展的决定性条件。众所周知，我国是一个人口大国，但还不是一个人力资源强国，人均受教育的程度，自主知识产权的拥有，科学技术对经济发展的贡献率，影响经济社会发展的关键技术等方面与我国社会发展需要还不能完全适应。正因为如此，教育在经济社会发展中的关键性作用才凸现出来。高等学校是人才培养的高地，是知识创造和

传播的中心，在发展中国特色社会主义的伟大事业过程中负有重要的社会责任。实施科教兴国战略离不开高级专门人才，建设创新型国家更需要大批人才不断涌现。因而，高等教育必须突出人才培养的核心地位，不断提升学校水平和办学实力，把“以人为本”的理念落实到关心知识分子，特别是中青年骨干知识分子的培养之中，落实到关爱学生的成长成才之中。这样，才能源源不断地培育出一批又一批祖国建设的栋梁之材，才能不辜负党和人民对高等教育的殷切希望。

优先发展教育是社会主义民主政治建设、社会主义文化繁荣和社会有序发展的必要保证。科学发展观视域中的发展是全面、协调、可持续发展，中国特色社会主义的发展必须强调以经济建设为中心，还必须注意政治、文化和社会的协调发展，只有这样才能深刻领会科学发展的内在意蕴，也才能领会优先发展教育的必要性。社会主义民主政治建设要求优先发展教育事业。坚持中国特色社会主义政治发展道路，发展社会主义民主政治是党的奋斗目标，是社会发展的客观要求。社会主义民主政治的建立需要党和国家坚持不懈地予以推进，又需要全体公民自觉地提高民主意识，这是一个双向并进的过程。而民主意识的建立与公民受教育的程度是分不开的，只有全民族受教育程度普遍提高，公民的民主意识理性化并成为自觉，国家法制建设基本完善，民主政治建设才能有充分保证。

社会主义文化繁荣要求优先发展教育事业。社会主义文化事业的繁荣发展是民族凝聚力和创造力的体现，实现社会主义文化建设新高潮，要求各级各类教育事业更多地展现教育功能，发挥教育在传播社会主义核心价值体系、建设社会和谐文化、培育社会文明风尚等方面的重要作用，以社会主义核心价值体系教育全国人民，武装人民的头脑，从而进一步团结和带动全体人民在伟大旗帜的引领下，实现富强、民主、文明、和谐的国家建设目标。

社会有序发展要求优先发展教育事业。提高教育质量，“办人民满意的教育”，反映了当今社会，人们渴望享受优质教育资源的合理诉求，是新的历史阶段人们日益增长的文化需要的直接体现，是解决当前民生问题的重要组成部分。优先发展教育，努力实现教育公平，既是党和国家的重要工作任务，又需要各级各类教育事业和每一位教育工作者为之付出努力，这关系到国家发展和社会和谐的大问题，由此昭示出优先发展教育的重要性和必要性。

优先发展教育是实现中华民族伟大复兴、中国特色社会主义事业后继有人的战略性选择。党的十八大报告提出：努力办好人民满意的教育。教育是中华民族振兴和社会进步的基石。要坚持教育优先发展，全面贯彻党的教育方针，坚持教育为社会主义现代化服务的根本任务，培养德智体美全面发展的社会主义建设者和接班人。全面实施素质教育，深化教育领域综合改革，着力提高教育质量，培养学生创新精神。办好学前教育，均衡发展九年义务教育，完善终身教育体系，建设学习型社会。大力促进教育公平，合理配置教育资源，重点向农村、边远、贫困、民族地区倾斜，支持特殊教育，提高家庭经济困难学生资助水平，积极推动农民工子女平等接受教育，让每个孩子都能成为有用之才。鼓励引导社会力量兴办教育。加强教师队伍建设，提高师德水平和业务能力，增强教师教书育人的荣誉感和责任感。

温故知新

教育与经济关系的主要理论有人力资本理论、筛选假设理论、劳动力市场理论。教育与经济相互作用、相互影响。经济是社会发展的基础，也是教育的基础。教育对经济起着促进作用。教育是劳动力再生产的重要手段，是创造和发展科学技术，产生新的科学技术知识的手段。教育能有效地提高劳动生产率，促进经济发展的全球化。

教育与政治相互作用、相互影响。政治制度决定着教育的性质，决定着教育的领导权、受教育的权利、教育目的的性质和思想品德教育的内容以及教育的管理体制。教育为一定社会的政治制度培养所需要的人才，促进政治体制的变革。教育传播一定的政治观点、意识形态和法律规范，促使年轻一代政治化，以维系社会政治的稳定。教育通过提高全民文化素质，促进社会政治民主化。教育是一种形成社会舆论，影响政治经济的舆论力量。教育有助于政治信息的加工与传播，又有助于世界政治求同存异共同发展。

与经济、政治相比，文化对教育的制约作用具有广泛性、基础性、深刻性和持久性。文化传统制约着教育目的的确定。文化制约着教育的内容和水平，文化是教育的基础。教育促进社会主流文化的批判与继承。教育促进多元文化的发展。教育有利于文化创新。

教育与科技是相互促进的关系。一方面，教育促进了科学技术的发展；另一方面，科学技术又进一步推动现代教育的进步。科学技术通过影响教育内容、教育模式和教育手段、教育者，从而影响教育的进程与教育的质量。

人口数量影响教育规模和教育发展战略重点的选择。人口质量影响教育质量。人口年龄结构影响着教育结构。现代教育可以控制人口数量，改善人口素质，可以提高人口质量，使人口结构趋向合理化，有助于人口迁移。

教育的相对独立性是指教育具有自身的规律，对政治经济制度和生产力具有能动作用。教育现代化是指教育适应时代的发展，反映并满足现代生产、现代科学文化发展需要，达到现代社会所要求的先进水平。面对全球化趋势，应转变教育观念，确立全球化的教育视野。教育在我国社会主义现代化建设中具有基础性、先导性、全局性的意义。必须优先发展教育。

【本章练习】

1. 名词解释：教育的相对独立性、教育现代化。
2. 教育的经济功能表现在哪些方面？
3. 教育的政治功能表现在哪些方面？
4. 教育的文化功能表现在哪些方面？
5. 试分析“教育救国论”。
6. 为什么要优先发展教育？

第三章

教育与人的发展

【内容概要】

☆ 人的发展
☆ 人的身心发展规律
☆ 中学生身心发展的特征
☆ 遗传、环境、主观能动性对个体发展的影响
☆ 教育对人的身心发展的影响

第一节　人的发展的内涵

问题引入

生存与发展是人生的两大主题。在物质资源相对充足，满足了生存需要时，发展成为了生命的主旋律。“不要让孩子输在起跑线上”“揠苗助长”“天才儿童”“大器晚成”等都是为了追求人的发展。那么，什么是人的发展？人的发展又有哪些特点呢？让我们带着这些问题一起进入本节的学习。

一、人的身心发展的概念

在心理学里，发展有着多种含义：一是泛指某种事物的增长、变化和进步；二是事物的生长；三是指事物的成熟；四是指一种持续的系列变化，尤其是指有机体在整个生命期的持续变化。

人的发展是指随着时间和年龄的递增而发生的个体身心方面积极变化，包括生理与心理的发展。生理的发展，包括机体的正常发育，体质的不断增强，神经、运动、生殖等系统生理功能的逐步完善；心理的发展，包括感觉、知觉、注意、记忆、思维、言语等认知的发展，需要、兴趣、情感、意志等意向的形成，能力、气质、性格等个性的完善。人的生理发展与心理发展是紧密相联的，生理的发展是心理发展的物质基础，心理的发展也影响生理的发展。在发展水平上，人的身心发展应当是全面的、充分的、自由的发展。全面的发展是指学生的思想、文化、身体、心理等素质要全面发展，不可偏废；充分的发展，是指要发挥学生的全部潜能，在身心各个方面得到尽可能的发展；自由的发展是质的发展。因此，身心自由的发展即是生动活泼地主动地发展，是受教育者应追求的最本质的东西。

从总体来看，人的发展是一个生活与生长并进的过程，是一个“给定”与“自我选择”“自我建构”相互作用、相互转化的过程，是发展的各种因素相互制衡、相互协调的过程，它体现为个体内部的生理、心理、社会文化与外显行为方式的连续又较稳定的发展变化。发展持续于人的一生，其中儿童的发展最为显著。

二、人的发展的规律

人的身心发展是具有一定的规律的。这些规律的存在必然为教育者的教育行为提供相应的原则。教育事实表明:遵循这些规律,利用这些规律,就会取得好的教育效果,反之,则可能事倍功半,甚至挫伤学生。所以学习和掌握这些规律对提高教育教学质量具有十分重要的现实意义。人的身心发展具有不平衡性、顺序性、阶段性、互补性和个别差异性。

(一) 个体身心发展的不平衡性

个体身心发展的不平衡性表现在两个方面,首先是同一方面的发展速度,在不同的年龄阶段发展是不平衡的。例如,青少年的身高体重在出生后的第一年和青春期这两个阶段发展最快,称为发展高峰期。发展不平衡的第二个方面是不同方面发展的不平衡性。有的方面在较早的年龄阶段就已达到较高的发展水平,有的方面则要在较晚的年龄阶段才能达到成熟的水平。例如:在生理方面、神经系统、淋巴系统成熟在后。在心理方面,感知成熟在先,思维成熟在后,情感成熟更靠后。

(二) 个体身心发展的顺序性

个体身心发展在整体上具有一定的顺序性,身心发展的个别过程和特点的出现也具有一定的顺序性。比如,身体的发展遵循着从上到下、从中间到四肢、从骨骼到肌肉的顺序发展,心理的发展总是由机械记忆到意义记忆,思维过程由具体思维上升到抽象思维,在情感变化上由喜怒哀乐等到理智感、道德感、美感等复杂情感。

(三) 个体身心发展的阶段性

个体在不同的年龄阶段表现不同的身心发展总体特征,具有不同的身心发展矛盾的重点,面临着不同的发展任务。身心发展前后相邻的阶段是有规律的更替着,在一段时期内,发展主要表现为数量的变化,经过一段时间,发展便产生了由量变到质变的过程,从而使发展水平达到了一个新的阶段。

(四) 个体身心发展的互补性

互补性反映个体身心发展各组成部分的相互关系。它首先指机体某一方面的机能受损或缺失后,可以通过其他方面的超常发展得到部分补偿。如失明者通过听觉、触觉、嗅觉等方面的超常发展得到补偿。除此之外,互补性也存在于心理机能与生理机能之间,如人的精神、意志、情绪状态对整个机体能起到协调作用,帮助人战胜疾病和残缺,如果一个人的心理承受能力很弱,缺乏自我调节能力和坚强的意志,即使不生严重的疾病或遭遇不太大的磨难也会被击倒。

(五) 个体身心发展的差异性

个体差异性存在于不同的层次上。从群体的角度来看,首先表现为男女性别的差异,它不仅是自然性的差异,而且包括由性别带来的生理机能和社会地位、角色和交往群体的差别。其次,个别差异表现在身与心所构成的方方面面。其中有些是发展水平的差异,有些是心理特征表现方式上的差异。这些差异性的成因主要是由于个人的先天素质、内在机能以及环境因素的差异所致。

三、中学生身心发展的特征

中学时代是人由儿童走向成熟的过渡阶段。此时的人既有别于成人，又非昔日幼稚的顽童，其最大特点就是身体和心理的迅速成长和发展。中学生的生长发展是一个不断变化的过程，其中既有积极、进步的变化又有消极的变化。处于青春期的中学生，在身体形态和技能上，在心理上均发生一系列的“质的”变化，这对其今后大半生都会产生重大的影响。同时，急速的发展往往产生不平衡，引发各种矛盾和问题，如果处理不当便会产生不良后果。因此，这一时期被德国心理学家成为“暴风雨时期”，美日心理学家称之为“危险期”。

（一）生理特点

青春期来临，使身体发生急剧而显著的变化，主要表现在以下方面。

1. 体态骤变

青春期的生长发育状况很明显的反映在其体态变化上。这些变化常以身高、体重、宽度和围度等指标来衡量。身高是评定体格的基础，具有代表性；体重是身体发展量的指标之一，表明身体的充实程度和营养状况；宽度和围度也是衡量身体发展所必不可少的。

2. 机能增强

人的各种组织器官，分别具有不同的结构和生理功能，结构与功能相互制约，因而中学生的身体机能应正常发展，相互协调。

1）脑和神经系统逐步完善

人脑和神经系统在出生前就迅速发展。出生时脑重 380～390 g，一岁时达到 700 g，入小学时约 1280 g，12 岁时脑重接近成人，脑容积与脑重的发展相似。之后，脑的发展由容积、重量转向功能的完善，即在青春期时，神经系统的结构更加复杂、功能更加完善。

2）心血管系统功能稳定、肺功能增强

代表心血管系统功能的两个参数是心率和血压。心率在青春期已接近成人，以后逐渐减慢，趋于稳定，每分钟 60～70 次；血压走出少年期的低谷，稳定在 110～120/70～80 mmHg范围内。

3. 身体素质提高

身体素质是在神经系统控制下人体活动时肌肉所表现出来的能力，如速度、耐力、灵活性、神经系统功能的完善、肌肉的增长等。

首先表现在各种能力的提高；其次是速度，速度的生理基础是大脑兴奋与抑制过程转换的灵活程度；最后是耐力，耐力是人体长时间进行体力活动的能力，即对抗疲劳的能力。

4. 性发育成熟

性发育是一个起始于胎儿期的缓慢过程。初生婴儿形成的是第一性征。青春期后，性器官迅速发育成熟，功能完善，形成第二性征。

1）男生的青春期变化

男生的性变化首先反映在性器官的发展上。10 岁以后睾丸发育加快，15～16 岁出现遗精现象；其次是阴毛、腋毛、胡须、胸毛的生长及喉结的膨大。

2）女生的青春期变化

女生的性发育总体上比男生早 1～2 年，一般从 10 岁开始发育，12 岁时变化更为显著。乳房变化是女性进入青春期的第一个信息，也是最早，最明显的标识；一般 11 岁左右开始呈现芽状突起或向小山似的乳头肿突，之后继续发育，最后慢慢接近成人；与此同时，音调变得尖而细。月经初潮（指女性第一次月经的到来）是女性青春期发育最突出的指标之一。初潮的时间在 12～15 岁之间，气候的冷热，健康状况、营养的供给与分配、心情状况也会影响到初潮的早晚。

（二）中学生的心理特点

1. 中学生心理发展的一般规律

1）顺序性和阶段性

中学生的心理是按照由低级到高级、由量变到质变的顺序连续不断发展的，具有自己的规律性，如思维方式从形象思维到抽象思维，记忆方式从机械记忆到意义记忆。中学生的心理发展阶段性表现为在不同年龄阶段呈现不同的特征，如少年的逻辑思维主要属于经验型，在进行抽象概括、归纳总结、推理论证时，仍需要用具体形象做支持，而到了青年中晚期，经验型逻辑思维逐渐被理论型逻辑思维代替。

2）稳定性和可变性

稳定性是指心理发展具有一定的顺序性和系统性，在任何情况下，都不可能逾越某个发展阶段或任意改变其发展顺序。可变性是指在一定条件下（如不同生长环境、不同经历等），心理发展的程度和速度会发生某些变化。

3）共同性和差异性

共同性是指在不同时代，不同社会背景下，心理发展所表现出来的普遍性或相似性，但由于各种主观因素的影响，其心理发展也存在着个别差异。

视野拓展

“人造天才”赛达斯的悲剧[①]

曾经在相当长一段时间，被全美新闻媒介大捧的超级神童——美国神童赛达斯，6 个月会认英文字母，两岁能看懂中学课本，4 岁时已发表了 3 篇 500 字的文章，6 岁生日晚会上写成了一篇解剖学论文，12 岁破格进入哈佛大学，14 岁因患精神病入院，21 岁时，他成了一名极普通的商店店员。这出悲剧的导演是赛达斯的父亲——原哈佛大学心理学荣誉教授。这位“望子成龙”心切的教授父亲认为，人脑和肌肉一样是可以训练与培养的，所以还在赛达斯出生以前，他已准备好要在儿子身上进行一系列“试验”。

---

① 陶士波，马宝亮．“人造天才”赛达斯的悲剧[J]．教育艺术，2003，(7)：54-55．

赛达斯刚一出世，父亲就在小床周围挂满了英文字母，并不断在他身旁发出了字母的读音，随后，他的父亲又用各类教科书取代了儿童玩具。于是，赛达斯从小就被各种几何图形、地球仪和多种外国语言包围着，整个婴幼儿时期成了他独自“苦读”的时期，这样的“试验”使得孩子过早成熟。尽管小赛达斯天资聪颖，但过分的压力却使他的神经系统开始失常，他经常在不该笑的时候咯咯发笑。然而，由于父亲成功心切，竟然不顾一切继续人造神童的“试验”。

终于，当赛达斯 14 岁时，他不得不被作为精神病患者送进了医院。病愈出院后，他虽然以优异成绩在哈佛大学毕业，但却早已对父亲的“试验”乃至整个世界表示强烈反感，热切渴望过正常人的普通生活。不久，他就离家出走，更名换姓，到一家商店当了普通店员。

编者按：这是一个人造“天才”的悲剧。儿童的成长有其自身的规律，教育必须适应这些规律才能促进儿童身心的健康发展。如果揠苗助长，凌节而施，其结果必然是损害儿童的身心健康。

2. 中学生的心理特点

(1) 认知能力。中学生观察的目的性、自觉性提高了，观察的时间更为持久，在概括性和精确性上有所提高；中学生思维已由具体的形象思维过程发展到抽象的逻辑思维为主，并且由经验型转向理论型，表现在逻辑思维的组织性、敏捷性、灵活性、深刻性、批判性的发展上；在面临问题时能够较快地从根本上抓住矛盾焦点，能够独立、批判的思考，对同学、老师、家长书本有自己的认识和看法；喜欢争论和怀疑，敢于发表自己的观点，不迷信权威。

(2) 情感。中学生的情感丰富、高亢而热烈，富有朝气、容易动感情，也容易激怒，情感体验比小学生深刻；对未来充满了憧憬和幻想，具有活泼愉快的心境；自我调节和控制能力提高，情感有时带有矛盾性和两极性；好交往、重友情，友谊迅速发展；由于性发育和对未来的向往，在异性交往中有时会遇到困惑。

(3) 意志。中学生意志特点主要表现在目的性、果断性、自制力几个心理品质上，能够有目的、自觉地做出意志决定和努力；在果断性上有了显著发展；自控能力不断增强。

(4) 人生观、价值观年龄的增长、视野的开阔及受教育年限的延长，使中学生开始对人生及世界进行思考和探索。

(5) 道德品质。学生的品德有一个完整的结构，即道德认知(知)、道德情感(情)、道德意志(意)和道德行为(行)。它们相对独立又彼此联系，密不可分。道德认知表现在道德思维的发展和道德观念的建立上；道德情感是人的道德需要是否得到实现而引起的主观的内心体验，它伴随着道德认知的发展而加深；道德意志表现为战胜非道德的动机、排除困难执行道德动机而引起的行为决定道德行为是衡量道德品质高低的标识，它要通过一些粗劣的模仿、多次强化、有意识的练习才能不断提高。

3. 中学生的心理差异

1) 气质

气质是人的心理特征之一，与人的遗传素质、性格、后天环境和教育有关。它主要表现在情绪体验的快慢、强弱，以及动作的灵敏或迟钝方面。

2) 性格

中学生性格差异主要表现在性格类型差异和特征差异两个方面。从类型上来说分为内倾型和外倾型;特征差异表现在对现实所采取的态度,或在活动中的意志力上。

3) 兴趣

兴趣是一个人力求认识并趋向某种事物所特有的意志,是人主观能动性的一种体现。首先表现在意志的倾向性上,即对不同学科、不同活动内容的选择态度上;其次表现在兴趣发展水平上,学生兴趣各有特点,有的是从小就有的,有的是后来出现的,有的长期稳定,有的会出现变化;最后是兴趣的品质,即兴趣的深度、范围和持久性。

4) 能力

能力是人顺利完成某项活动所必需的个性心理特征。学生能力的个别差异主要表现在以下几点。

(1) 认知能力的差异。在注意、记忆、想象和观察等认知能力上,中学生表现出不同的特点,如记忆,有的学生善于听觉记忆,有的学生善于视觉记忆或混合记忆,在记忆的强弱上,有的识忆快而遗忘快,有的识记慢但不易遗忘;在想象能力上有的鲜明生动,有的模糊混乱。

(2) 特殊能力的差异。中学生特殊才能的差异明显,有的能富有情感的感受现实的影响而表现出文学才能;有的视觉敏感性好,具有艺术的想象力而表现出绘画才能;等等。研究表明,15 岁以前的中学生视听觉灵敏度超过成人,最容易表现出音乐、绘画等才能。

(3) 能力发展水平的差异。中学生的能力发展水平有的相对高,有的相对较低。

(4) 能力发展时间的差异。有的学生很早就能表现出某种能力优势,有的学生的优异才能则表现得较晚,甚至有些人晚年才表现出来,即所谓"大器晚成"。

(5) 不同能力发展速度的差异。在同一个学生身上,会同时具有多种能力,某些能力发展快,某些能力则发展迟缓;就同一种能力而言,在衰退的时间上也有先后之别。

心语感悟

儿童能力初期萌芽是尤其可贵的,我们引导儿童初期自然趋向的途径能固定儿童的基本习惯,能确定后来能力的趋向。

——杜威

第二节 影响人的身心发展的因素及其作用

问题引入

"孟母三迁",就是为了给孟子一个好的成长环境。人的身心发展除了受环境影响,还受许多因素的影响。那么,到底影响人的身心发展的因素有哪些?它们在人的发展中起什么作用呢?带着这些问题一起进入本节的学习。

人的身心发展受很多因素的影响，归纳起来主要为四个方面：先天的遗传生物因素、后天的环境和教育、教育人、人的主观能动性。

一、遗传：身心发展的物质前提

（一）遗传素质的定义

遗传是指人们从父母先代继承下来的解剖生理特点。

（二）遗传素质在人的发展中的作用

中国古代孟子："人性善，人生而有四端。"孟子认为人的仁义礼智"四端"是人本来就有的。中国民间有云："龙生龙，凤生凤，老鼠生儿打地洞"。美国的霍尔认为："一两的遗传胜过一吨的教育。"美国的桑代克认为："人性有种原本趋向，通过多中择一反应形成一切行为和道德品格，这一切都是受精卵的遗传基因决定的。"这种理论认为个体的遗传素质在其后天的发展过程中起决定性的作用，后天的环境和教育对儿童的影响只能起延迟或加速这些先天遗传能力的实现，但不能从根本上改变它们。这种理论看到了遗传素质对人的后天发展的巨大作用，但是却夸大了这种作用。

1. 遗传为人的发展提供了生理基础与可能性

遗传素质是人的发展的生理前提，为人的身心发展提供了可能。如果没有这些自然条件，人的发展就无法实现。如一个人生下来无大脑，也就不会有思维的机制，无法学习科学文化知识。一个天生失明的人，不可能发展他的视觉能力，也就不可能培养成为一名画家。XO女子（细胞核中缺少一个X染色体）在语言能力方面超过正常人，其他智力，尤其是空间能力发展迟缓。XXY男子（细胞核中多了一个X染色体，且具有只在女性细胞核中才存在的性染色质——巴尔体）智力发展迟缓，睾丸小，具有女性气质、同性恋行为、异性模仿欲、强烈希望成为异性等。XYY男子细胞核上多了一个染色体，他们有智力低下倾向，易产生暴力行为。

儿童的各种身体器官的构造和机能在出生时非常不完备的，但却潜藏着巨大的发展的可能性。经过后天适当的环境和教育，人可以学习相当复杂的文化科学知识，甚至发明、创造，这是动物所不能达到的。所以说，遗传是人发展的前提。

2. 遗传制约人的发展进程

美国心理学家格塞尔（1880—1961年）的成熟理论：在儿童没有达到明显的成熟准备之前，经验的训练是收效甚微的，即使在最初的训练中取得了一点成绩，也同样没有多大价值。到了一定的成熟准备期，从未接受过这种行动训练的孩子，只要略加训练就可以迎头赶上。他进行了双生子爬梯实验：一对同卵双生子在满46周时，开始给其中一个做爬梯训练，每天持续10分钟，另一个不做训练。6周后，测量他们爬同一梯子所用的时间。结果是：受训练的儿童为26秒，未受训练的儿童用了45秒。接着对后者也进行同样的训练，2周后再次测量时，只受训2周的儿童花10秒就完成了任务。

人们常说："三抬四翻六会坐、七滚八爬周会走"。这反映了人的遗传素质的发展过程，如果让6个月的婴儿学走路，不但是徒劳的，也是无益而有害的。让4岁的儿童学高等数学，也是难以成功的。

为何一般将小学入学的年龄定为7周岁？因为人的思维发展与脑重量发展密切相关。不同年龄段孩子的脑重如表3-1所示。

表3-1　不同年龄段孩子的脑重

时　　期	脑重(g)	相当于成人脑重的比例
胎儿形成到6、7个月	200～300	20%
出生时	300～390	25%
6个月时	650	50%
1岁时	800～900	60%
2岁时	1000～1150	80%
7岁时	1280	95%

注：按成人平均脑重为1350 g计算。

3. 遗传影响人身心发展的差异性

遗传素质的差异性对人的身心发展有一定的影响作用。人与人之间，有先天素质的差别。在医院婴儿室里，可以看到，出生几天后的婴儿，就有不同的表现：有的比较安静，容易入睡，有的则手脚乱动，大哭大喊。从1、2岁的婴儿身上也可以看到，他们对外界事物反应的快慢、情感表现的强弱、是否容易转移等方面，存在差异。要把一个生来失明的孩子，培养成为一个画家，难！把一个生来失聪的孩子，培养成为音乐家，难！一个神经活动灵敏、智力超常的儿童的教育，易；一个天生的弱智儿童的教育，难！生来天资较好的人，如果在后天得到适宜的培养和努力，就可在某些方面比一般人发展得更快更好。据中国科学院心理研究所调查22.8万名儿童，发现低能儿占3%～4%，而低能儿中有50%以上是先天因素造成的(其中父母低能与近亲配婚而造成遗传缺陷的占相当比例)。

（三）遗传素质作用的性质

1. 遗传素质为人的发展提供的是可能性，而不是现实性

遗传对人的发展并不起决定作用，遗传所提供的发展可能性，必须在一定的环境和教育的影响下才能转化为现实性。在不同的社会生活和教育影响下，人的遗传素质可以向着肯定或否定的方向发展。一个天赋智力素质比较好的儿童未必在将来会成为一个科学家，一个音乐素质比较好的儿童也未必一定会成为一个音乐家，除了遗传给他的可能性外，还要看他所处的社会条件、所受的教育和个人的努力来决定。例如，美国斯坦福大学心理学教授特尔门对智商在130以上的1528名超常儿童进行了历时50年之久(1921—1972年)的追踪观察和系统研究，他们的结论是，早年智力测验并不能准确预测晚年工作的成就，一个人的成就同智力的高低并无极大的相关，有成就的人并非都是家长、教师认为非常聪明的人，而是有恒心、做事求好、求精的人。

2. 遗传素质随着环境和人类实践活动的改变而改变

遗传素质本身就是人类以往的环境和实践活动的产物，随着社会实践的发展，人的遗传素质将会越来越好。遗传素质很难改变，但在特殊的环境下或是后天教育的作用下可以改变。根据形态学的研究证明,视觉输入的刺激能在不同程度上影响大脑皮层的厚度、神经元的大小、树突分支的多少、视神经的精细等。人的生活经验证明,人们由于长期进行某一方面的训练,就可以使脑的某一方面反应能力提高,如酿酒老工人具有较敏锐的鉴别酒质的能力。

大脑具有重新调整和代偿功能。美国心理学家曾在费城建立了人脑潜力开发研究所,帮助那些因脑损伤而造成身体功能障碍的儿童。他们的方法是集中训练这些儿童的父母,教他们怎样更好地帮助孩子战胜残疾;对部分瘫痪孩子的父母,教他们怎样活动孩子的四肢,以帮助孩子的大脑学习如何更好地控制四肢。这种做法使许多孩子学会了爬行和走路,使有些哑巴开始说话,使很多孩子的智商分数戏剧性地增加,还使一个缺乏整个脑半球的孩子,训练后达到了同龄孩子的水平。

1995年《科学》杂志报道了这样一组研究结果:音乐家颞横回的左边非常明显地大于右边,而颞横回正是人脑中处理听觉信息的区域;非音乐家颞横回的左边也大于右边,但差别较小,音乐家的这种差别是非音乐家的两倍。

二、环境:提供外部客观条件

如果说遗传素质作为人的发展的生理前提,为人的发展提供了先天可能性。而环境则是把这种发展的可能性转化为发展的现实性。环境是人的发展的现实根基与资源。

(一) 环境的定义

环境泛指人生活在其中的能影响和作用于人周围的客观世界,包括自然环境和社会环境。

社会环境包括所处国家的政治经济制度、经济生活、文化生活、风俗习惯以及家庭、邻里、亲戚朋友、学校、娱乐场所等。

自然环境是人和生物不可缺少的条件,没有它,人就无法生存。对人的发展起作用的主要是社会环境。社会环境是人的天资和才能发展的客观条件。人的天资和才能能否得到发展和发展到什么程度,都与社会环境分不开。环境对人的影响是潜移默化的。所以教育者要重视环境的作用。环境提供人发展所需的物质和社会条件,构成人的发展的巨大动力,影响人的发展的价值方向,影响人的发展的内容,对人的发展本身具有一种广义的教育作用。

(二) 社会环境对人发展的作用

中国古代的墨子从染丝推及人的发展,认为素丝由染缸颜色决定其颜色,人由环境决定其发展。古人云:“近朱者赤,近墨者黑”。说明社会环境对人的影响。

1. 社会环境对人发展作用的表现

(1) 环境是人的发展的现实基础。环境是人发展的现实基础,身在不同的环境可能有不同的人生轨迹。

(2) 环境为人的发展提供对象、手段、资源和机遇等。不同的环境提供的给人的资源和机遇是不一样的。

(3) 人是在与环境的相互作用中得到发展的。环境只给人的发展提供现实基础,人的发展方向还取决于人与环境的互动。环境提供给我们资源和机遇，我们要怎样去运用这些资源，如何把握机遇，也是因人而异的，人与环境的不同互动会对人的发展有不同的影响。

2. 主要社会环境对人身心发展的影响

1）家庭环境对人身心发展的影响

家庭环境被称为“制造人类性格工厂”，在人的成长过程中扮演着十分重要的角色。孩子在家庭中度过的时间有三分之一，家庭是儿童成长的第一社会，父母是儿童的第一任老师。对心智在发育的青少年，家庭的影响超过社会。

(1) 家庭结构。家庭结构，理论上是家庭成员的角色分工，其间具有某种性质的联系，怎样相互配合与组织，相互作用与影响，以及这种相互作用和影响所形成的家庭模式类型。最常见的家庭模式包括核心家庭、主干家庭、联合家庭和其他家庭。

核心家庭：有父母和未婚子女组成的家庭或仅有夫妻组成的家庭。

主干家庭：父母和一对已婚子女组成的家庭。

联合家庭：父母和多对已婚子女组成的家庭或已婚子女在父母去世后未分家的家庭。

其他家庭：单亲家庭、残缺家庭。

单亲家庭：离婚者或未婚者与子女组成的家庭。

残缺家庭：子女未婚，残缺父母或父母残缺一方的家庭。

健全的家庭结构对人的成长起着积极的促进作用。在融洽的家庭气氛中，父母互敬互爱，有足够的精力关心、照顾子女，共同承担着教育和抚养子女的责任，使其能够在正常的环境下健康成长。

不健全的家庭结构会对子女的成长产生副作用。单亲家庭或残缺家庭，由于家庭成员的缺失，一般会导致对孩子的过分溺爱和过度保护。溺爱主要表现为一味地满足孩子过度的物质要求。致使孩子任性，以自我为中心，性格缺乏韧性。过度保护，使孩子缺少解决问题的经验，不懂人情世故，不会处理人际关系。甚至可能使孩子形成孤僻、自卑的个性。

(2) 家庭的教养方式。教养方式，一般是指父母在教育、抚养子女中所通常运用的方法和形成，是教育观念和教育行为的综合体现。早在 1978 年，美国心理学家戴安娜·鲍姆林德提出了家庭教养方式的两个维度，即要求性和反应性。要求性指的是家长是否对孩子的行为建立适当的标准，并坚持要求孩子去达到这些标准。反应性指的是对孩子和蔼接受的程度及对孩子需求的敏感程度。根据这两个维度，可以把教养方式分为权威型、专制型、溺爱型和忽视型四种。具体见表 3-2。

表 3-2 不同教养方式及教育影响

教养方式	维度类型	可能后果
权威型	接受＋控制	儿童期：心情愉悦，幸福感；高自尊和高自我控制 青少年期：高自尊，高社会和道德成熟性；高学术和学业成就
专断型	拒绝＋控制	儿童期：焦虑，退缩，不幸福感；遇到挫折易产生敌对感 青少年期：与权威型相比，自我调整和适应较差；但与放纵型和忽视型相比，常有更好的在校表现

续表

教养方式	维度类型	可能后果
放纵型	接受＋容许	儿童期：冲动，不服从，叛逆；苛求且依赖成人；缺乏毅力 青少年期：自我控制差，在校表现不良，与权威型或放纵型相比更易产生不良行为
忽视型	拒绝＋容许	儿童期：在依赖、认知、游戏、情绪和社会技巧方面存在缺陷；攻击性行为 青少年期：自我控制差；学校表现不良

① 权威型。这是一种理性且民主的教养方式。权威型的父母认为自己在孩子心目中应该有权威。但这种权威来自父母对孩子的理解与尊重，来自他们与孩子的经常交流及对孩子的帮助。父母以积极肯定的态度对待儿童，及时热情地对儿童的需要、行为做出反应，尊重并鼓励儿童表达自己的意见和观点。同时他们对儿童有较高的要求，对儿童不同的行为表现奖惩分明。这种高控制且在情感上偏于接纳和温暖的教养方式，对儿童的心理发展有许多积极影响。这种教养方式下的儿童独立性较强，善于自我控制并解决问题，自尊感和自信心较强，喜欢与人交往，对人友好。

② 专断型。专断型父母则要求孩子绝对服从自己，希望子女按照他们为其设计的发展蓝图去成长，希望对孩子的所有行为都加以保护监督。这一类也属于高控制型教养方式，但在情感方面与权威型父母有着显著的差异。这类父母常以冷漠、忽视的态度对待儿童，他们很少考虑儿童自身的要求与意愿。对儿童违反规则的行为表示愤怒，甚至采取严厉的惩罚措施。

这种教养方式下的学前期儿童常常表现出焦虑、退缩和不快乐。他们在与同伴交往中遇到挫折时，易产生敌对反应。在青少年时期，在专断型教养方式下成长的儿童与权威型相比，自我调节能力和适应性都比较差。但有时他们在校的学习表现比放纵型和忽视型下的学生好，而且在校期间的反社会行为也较少。

③ 放纵型。这类父母和权威型父母一样对儿童抱以积极肯定的情感，但缺乏控制。父母放任儿童自己做决定，即使他们还不具有这种能力。例如，任由儿童自己安排饮食起居，纵容儿童贪玩、看电视。父母很少向孩子提出要求，如不要求他们做家务事也不要求他们学习良好的行为举止，对儿童违反规则的行为采取忽视或接受的态度，很少发怒或训斥儿童。

这样教养方式下的儿童大多很不成熟，他们随意发挥自己，往往具有较强的冲动性和攻击性，而且缺乏责任感，合作性差，很少为别人考虑，自信心不足。

心语感悟

儿童的行为，出于天性，也因环境而改变，所以孔融会让梨。

——鲁迅

④ 忽视型。这类父母对孩子既缺乏爱的情感和积极反应，又缺少行为方面的要求和控制，亲子间的互动很少。他们对儿童缺乏最基本的关注，对儿童的行为缺乏反馈，且容易流

露厌烦、不愿搭理的态度。如果儿童提出诸如物质等方面易于满足的要求,父母可能会对此做出应答;然而对那些耗费时间和精力的长期目标,如培养儿童良好的学习习惯、恰当的社会性行为等,这些父母很少去完成。

这种教养方式下的儿童与放纵型教养方式下的儿童一样具有较强攻击性,很少替别人考虑,对人缺乏热情与关心,这类孩子在青少年时期更有可能出现不良行为问题。

以上四种类型是比较典型的,但在现实中,有些家庭的教养方式属于中间型。并且,随着孩子的成长和家长本身观念的变化,家庭教养方式也会发生改变。整体而言,在孩子小的时候,家长应该对其多给予爱和关怀,并且应在这时更多地控制孩子的不良行为。当孩子长大一些的时候,家长应及时听取孩子的想法,对孩子自己的事情要多和孩子商量,共同制订合适的解决方案。

2) 大众传媒对人发展的影响

大众传媒是人类发展变化的表现,指在一定时间内将信息传递给不同地区的个人或地区的个人或媒体。随着社会的发展,它的内涵也越来越丰富,最初只是报纸杂志,后来出现了电视,一直到现在网络又占据了很重要的地位。它们对我们的生活、学习、工作都产生了重要的影响,特别是对青少年。"大众传媒有助于个性的解放和民主化倾向的加强,富于青少年积极的主体意识,使青少年文化呈现出具有时代特色的理性精神"。大众传媒迎合了青少年渴望独立,张扬个性的特点,确实也为他们提供了这个平台,他们的一些新思想、新观念或者是灵感的爆发又都是来自大众传媒。可是我们也不得不看到大众传媒对青少年的负面影响。青少年的主要心理特征表现在,生理发育虽然日渐成熟,但心理发展相对落后,身心发展不平衡,对事物缺乏辨别的能力,审美层析不高,容易轻信。精力充沛,思想活跃,好奇心强,敏锐但易偏激,热情却易冲动,有极大的波动性,有时会难以控制,甚至出现意外伤害。人的自我意识日益成熟,能独立思考问题,处理事务,在观念与行为上变现出强烈的自主性,有时会自以为是。人到了这一时期,表现出的社会交往更加主动,更广泛地接触社会和了解社会,重视伙伴关系,相对忽视家庭成员关系,希望得到社会认同等。这些独特的性格特征都让他们很容易接受了电视的可视性和收视的随意性。其对未成年的影响主要在两个方面:一是认知方面;二是人格方面。

综上所述,环境影响人的身心发展。环境的影响具有自发性、随机性和复杂性。环境对人的发展虽然起着重大的影响作用,但不能决定人的发展。

视野拓展

狼女(卡马拉和阿马拉)

最著名的狼女是1920年10月在印度加尔各答西部米德纳波尔附近发现的两个女孩,当时人们营救她们时,两个女孩正处于多只狼的包围之中。在一位英国传教士的带领下村民成功地射杀了母狼,他们将两位女孩命名为卡马拉和阿马拉,估计她们的年龄分别为8岁和2岁。依据这位英国传教士描述,这两个狼女长着畸形下颚,牙齿变得很长,她们的眼睛在黑暗里能像猫和狗一样释放出野性的眼光,阿马拉在营救后的第二年就死了。然而,卡马拉却一直活到了1929年,到那时她已不再吃腐烂的肉,能够直立行走,并学会说50个单词。

三、主观能动性：身心发展的决定性因素

人之所以为人，人和动物的根本区别就在于人不是消极的适应环境。人是一个积极、能动的主体。因此，人的发展与动物的发展的显著区别在于人具有主观能动性。

（一）主观能动性是人的发展的动力

教育，是使学生掌握生产经验和生活经验的一个过程，是把他人的精神财富转化为自己财富的过程。这种转化过程不像用镜子反映事物那样，它要求学生必须有自身的能动性。在同样的环境和教育条件下，每个学生发展的特点和程度主要取决于他自身的态度，取决于他在学习和工作中所付出的精力。所以，学生个体的主观能动性是其身心发展的动力，自学成才是充分发挥主观能动性的突出表现。

（二）主观能动性通过活动表现出来

人的主观能动性是通过人的活动表现出来的，离开人的活动，遗传、环境和教育所赋予的一切发展条件，都不能成为人的发展的现实。

在同样的教育条件下，每个人的个性发展的特点及其广度、深度，主要取决于他自己的努力，取决于他在学习活动和劳动等活动中表现出的精力和工作能力。这些活动也在相应地修正天赋的素质。

心语感悟

天才就是无止境刻苦勤奋的能力。

——卡莱尔

第三节　学校教育在人身心发展中的作用

问题引入

“所有能使孩子得到美的享受、美的快乐和美的满足的东西，都具有一种奇特的教育力量。”教育可以促进人的身心发展、教育也可以制约人的发展，只有当教育顺应人的身心发展规律时，教育才能更好地促进人的发展。现在进入本节的学习，去了解教育对人的人身心发展的影响。

一、教育在人的身心发展中起主导作用

教育虽然也是环境的一部分，但它是特殊的一部分，相对于环境中的其他因素的自发影

响而言，教育特别是学校教育对人的身心发展起主导作用。

(1) 教育是一种有目的地培养人的活动，规定着人的发展方向。人的其他活动如生产活动和社会活动在不同程度上也影响人的发展，但不是以教育人为主要目的。环境中的自发影响比较复杂，方向不一，有好的影响，也有不好的影响，它不能一致地按照一定的方向去影响人，因而不能决定人的发展方向。教育，特别是学校教育，是比较有计划、有系统的，是为促进儿童身心发展所特意安排的一种特殊环境。它能排除和控制一些不良因素的影响，给人以更多的正面教育，使人按照一定的思想政治方向发展，更有利于思想品德的培养，使年轻一代健康的成长。

(2) 教育，特别是学校教育给人的影响比较全面、系统和深刻。教育，特别是学校教育，是根据一定社会的要求，按照一定的目的，选择恰当的内容，利用集中的时间，有计划、系统地向学生进行各种科学文化知识的教育和思想品德教育。而环境中其他方面的影响，往往是自发的、偶然的、片段的。

(3) 学校教育有专门的经过训练的教师。他们懂得教育规律，在他们的影响下，可以使受教育者尽快发展成为社会所需要的人才。

(4) 学校教育可以调控遗传素质和环境的作用，选择遗传因素和社会环境中的有利条件，扬长避短地促进青少年的身心发展。

但教育并不是万能的。教育既不能超越它所依存的社会条件，凌驾于社会之上去发挥它的主导作用，又不能违背儿童身心发展的客观规律决定人的发展。所以“教育万能论”的观点也是错误的。

心语感悟

人只有通过教育才能成为一个人。人完全是教育的结果。

——康德

二、教育在人的身心发展中起促进作用

(一) 教育促进个体社会化

个体的社会化是个体学习所在社会的生活方式、行为习惯和各种思想观念，将社会所期望的价值观、行为规范内化，获得社会生活必需的知识、技能和行为要求，以适应社会需要的过程，是人由一个“自然人”或“生物人”成长为“社会人”的过程。社会化是人生存和参与正常社会生活的必要途径。狼孩、熊孩和在被隔离情况下长大的孩子一样，因为脱离人的生活环境，尽管有健全的躯体，却不具有人的思维、意识、行为方式。这充分说明社会化是人之为人的根本。社会化过程是一个持续终生的过程。社会化的内容主要包括：学习生活技能；内化社会文化；形成社会性发展目标；学会认同身份和在每一场合下自己所处的角色，自觉按照角色所规定的行为规范办事。这是个体社会化的最终体现。

学校是青少年社会化的主要场所。学校教育是个体社会化的途径。学校教育主要通过以下几个方面实现个体的社会化。

(1) 教育促进个体思想意识的社会化。个体的思想意识本质上是社会价值规范在个体头脑中的反映。教育代表一定的社会要求，传播社会中的主流文化和价值观念，由于教育的系统性、深刻性、计划性、严密性、活泼性、多样性，就易于使学生接受，形成完整的思想观念体系。教育促使个体思想意识的社会化，特别表现为个体的政治化。

(2) 教育促进个体行为的社会化。教育通过社会规范的传递，使人认识到应该干什么，不应该干什么，从而规范自己的行为。它授予社会生活中必需的知识技能，如处理人际关系的技能，帮助人学会协调理想和现实之间的冲突。

(3) 教育培养个体的职业意识和角色。为就业和生活做准备的教育，必须能促进个体的职业化。教育要指导学生根据自己的兴趣、爱好和能力，结合国家的需要，确定自己的未来理想，帮助其实现职业理想。

视野拓展

一阵风看世界

一天傍晚，在一片海滩上，有三位少女在散步，都穿着裙子戴着漂亮的帽子。突然一阵大风吹来，一位少女赶紧双手按住帽子，另一位则赶紧按住裙子，第三位少女，一手按帽子，一手按裙子。

双手按住帽子的是美国女孩。裙子飘扬没有什么，帽子吹飞了实在可惜。美国注重一种实用文化，至于裙子有没有掀翻不重要，即使富有，帽子也不能轻易让风吹飞。

按住裙子的是日本女孩。帽子丢了可以再买，裙子飘扬羞死人。日本人作风保守，帽子吹飞了不重要，裙子掀起来就会露光了，传出去可能连婆家找不到。

一手按帽子，一手按裙子的是中国女孩，帽子吹掉太可惜，“裙内风光”泄不得。中国人勤俭持家，既不能让帽子吹飞造成损失，又有极强的耻辱意识，含蓄保守。

(二) 教育促进个体个性化

“个性和特点比课程和科目重要得多，知识和信息不是目标，唯有自我实现才是目标。为了拥有知识而失去自我，这是教育的悲哀。”

人与人之间既有相同的一面，又有不同的一面。相同的一面表现为人的社会性，反映的是人对社会的适应，是社会化的结果；不同的一面表现为人的个性，是个体在实践活动中形成的独特性。心理学认为“个性”具有一定的意识倾向性和鲜明的个体差异性。前者表现为个体的理想、信念和价值观；后者表现为个体的能力、气质和性格。

个体个性化是个体尊重差异性的求异过程，反映的不是对社会的简单顺从和适应，而是在继承基础上发展、变革和创造，因而个性化是指个体在社会实践活动中形成独特性、自主性和创造性的过程。人的个性化的形成与发展依赖于教育的作用。学校教育作为一种有目的、有计划、有组织地对受教育者的身心施加影响的活动，旨在培养具有独特个性的、有主体性的、有创造力的个人。学校教育无疑具有促进人的个性化的功能。

只有受过一种合适的教育之后，人才能成为一个人。

——扬·阿姆斯·夸美纽斯

教育的个体个性化功能主要体现在它促进人的主体意识的发展，促进人的个体特征的发展以及促进人的个体价值的实现三个方面。

（1）人的主体意识可以看成是人对自我的主观能动性的认识。具有主体意识的人是力求主宰自己的人，不盲目受环境的控制，也不盲从他人。教育正是通过对人的智力、能力、品德的培养而提高人对自我的认识。

（2）人的个体特征是指人的身心发展的个体差异性。人的个体特征虽有先天因素，但其形成和发展却更多地取决于后天的环境和教育，正是通过不同的教育内容和不同的教育形式，帮助个体充分挖掘内在的潜力并使其个性得到充分的发展。

（3）人的个体价值归根结底是通过在社会生活中发挥作用之大小来衡量的，人越有知识、越有能力、越有道德，便越能展现其生命的价值。而教育能使人意识到生命的存在并努力追求生命的价值与意义，赋予人创造生命价值的信心与力量。

整齐划一的教育无疑是扼杀个性的“元凶”。教育要培养学生的个性，如注重学生的自我发展，为其提供选修课程，通过个性化的教学或因材施教的方式，鼓励其创新和个性张扬，为学生潜能的充分发挥提供广阔的空间。

必须指出的是，教育无论是促进个体个性化，还是促进社会化，都不能割裂二者的关系，必须以二者的统一为基点。一方面，个性化必须建立在社会化的基础上，缺乏社会化的个性只能是原始的自然性，表现出来的只是个人的“任性”和“怪癖”，而不是健全良好的个性；另一方面，也只有以丰富的个性为基础的社会化，才是民主社会的社会化，才是健全意义上的社会化。人的社会性和个性的统一，决定了教育必须在促进二者统一的基础上，平衡二者的关系。

《画苹果》教学片段①

美国孩子画苹果，老师拎来一篮鲜果，由孩子们任拿一个去照着画；日本孩子画苹果，先由老师拿苹果让大家观察一番，再让学生照着画；中国孩子画苹果，则是由老师先在黑板上画一个标准苹果，然后规定先画左，后画右，这里涂红、那里涂绿……结果，只有中国孩子画的苹果最像苹果，而日本孩子画的苹果像鸭梨，美国孩子画的苹果像南瓜，或像葫芦。

① 张宝红. 几个教育案例的启发[J]. 教学与管理，2002，(3)：14.

温故知新

人的发展是指随着时间和年龄的递增而发生的个体身心方面的积极变化，包括生理与心理的发展。

人的身心发展具有不平衡性、顺序性、阶段性、互补性和个别差异性。

遗传素质在人的发展中的作用：①遗传为人的发展提供了生理基础与可能性；②遗传制约人的发展进程；③遗传影响人身心发展的差异性。

遗传素质作用的性质：①遗传素质为人的发展提供的是可能性，而不是现实性；②遗传素质随着环境和人类实践活动的改变而改变。

环境泛指人生活在其中的能影响和作用于人的周围客观世界，包括自然环境和社会环境两个大的方面。

社会环境对人发展作用的表现：一是环境是人的发展的现实基础；二是环境为人的发展提供对象、手段、资源和机遇等；三是人是在与环境的相互作用中得到发展的。

人的发展与动物的发展的显著区别在于人具有主观能动性。主观能动性是人的发展的动力。主观能动性通过活动表现出来。

教育特别是学校教育对人的身心发展起主导作用。这是因为：

① 教育是一种有目的地培养人的活动，它规定着人的发展方向；

② 教育，特别是学校教育给人的影响比较全面、系统和深刻；

③ 学校教育有专门的经过训练的教师，他们懂得教育规律，在他们的影响下，可以使受教育者尽快发展成为社会所需要的人才；

④ 学校教育可以调控遗传素质和环境的作用，选择遗传因素和社会环境中的有利条件，扬长避短地促进青少年的身心发展。

教育在人的身心发展中起促进作用：教育促进个体社会化；教育促进个体个性化。

【本章练习】

1. 如何理解人的发展的含义？
2. 影响个体身心发展的因素有哪些？
3. 试评价教育万能论和教育无用论。
4. 论述教育对身心发展规律的适应。

第四章

教育目的

【内容概要】

☆ 教育目的内涵
☆ 教育目的类型
☆ 教育目的功能
☆ 教育目的基本价值取向
☆ 素质教育内涵
☆ 素质教育实施

第一节　教育目的的概念、类型及其功能

问题引入

在生活中，人们都会对受教育者有某种期望，这就涉及教育目的。那么，什么是教育目的？教育目的可以分为哪些类型？教育目的有什么功能？带着这些问题来进行本节的学习。

教育目的是整个教育工作的核心，是教育活动的出发点和归宿，也是制定教育目标、确定教育内容、选择教育方法以及评价教育效果的根本依据。

一、教育目的及其质的规定性

（一）教育目的的内涵

教育目的有两层含义，即广义的教育目的和狭义的教育目的。广义的教育目的是指存在于人的头脑之中的对受教育者的期望和要求。① 家长、教师、亲友等这些人的头脑中对新一代都有各种各样的期望，这些都可以理解为广义的教育目的。无论是谁，只要对受教育者抱有某种期望，都是教育目的的表现。狭义的教育目的是指由国家提出的教育总目的和各级各类学校的教育目标，以及课程与教学等方面对所培养的人的要求。② 本章主要是研讨狭义的教育目的。

（二）教育目的对教育活动质的规定性

教育目的对教育活动的社会倾向和人的培养具有质的规定性，主要表现在以下两点。一是对教育活动质的规定性，即规定教育“为谁培养人”“为谁（哪个社会、哪个阶级）服务”这

①② 王道俊，郭文安．教育学[M]．北京：人民教育出版社，2009，83．

种质的规定性在于明确教育进行人才培养的社会性质和根本方向，培养出与一定社会要求相一致的人。二是对教育对象的质的规定性，主要体现为两个方面：一方面规定了教育对象培养的社会倾向，即要使培养对象成为哪个社会的人，为哪个阶级、哪个社会服务；另一方面规定了培养对象应有的基本素质，即要使教育对象在哪些方面得到发展，应养成哪些方面的素质等。正是教育目的对教育活动所具有的这种质的规定性，使它自身对教育活动的要求具有很强的原则性，成为社会把握教育活动及人才培养性质和方向的根本所在。

杜威的教育目的观

杜威认为，生活、生长和经验改造是循序渐进的积极发展过程，教育目的就存在于这种过程中。生长的目的就是获得更多和更好的生长，教育的目的就是获得更多和更好的教育。教育并不在其本身之外附加什么目的，使教育成为这种外在目的的附属物。①

（三）教育目的与教育方针的关系

从二者的联系来看，它们在对教育社会性质的规定上具有内在的一致性，都含有为谁培养人的规定性，都是一定社会各级各类教育在其性质和方向上不得违背的根本指导原则。从二者的区别来看：一方面教育方针所含的内容比教育目的多，教育目的一般只包含"为谁培养人""培养什么样的人"的问题。教育方针除此之外，还含有"怎样培养人"的问题和教育事业发展的基本原则；另一方面，侧重点不同，教育目的在对人培养的质量规格方面要求更为明确，而教育方针则在"办什么样的教育""怎样办教育"方面显得更为突出。

二、教育目的的基本类型

在人类社会的发展中，教育目的的性质、内容和类型在不同历史时期是不一样的。从被实际所重视的程度来看，有正式决策和非正式决策之分；从其要求的特点来看，有终极性和发展性之分；从其作用的特点来看，有价值性和操作性之分。

（一）正式决策的教育目的和非正式决策的目的

正式决策的教育目的，是指社会一定权力机构确定并要求所属各级各类教育都必须遵循的教育目的。它一般是由国家或一定地区作为主体提出，其决策的过程要经过一定的组织程序，常常体现在国家或地区重要的教育文本或有关的法令之中。

非正式的教育目的，是指蕴藏在教育思想、教育理论中的教育目的，它不是被社会一定权力机构正式确立而存在的，而是借助一定的理论主张和社会根基而存在的。

约翰·洛克的教育目的观

约翰·洛克提出，英国教育的目的是培养绅士。绅士是"有德行、有用、能干的人才。"这

① 杜威. 民主主义与教育[M]. 北京：人民教育出版社，1990，19.

种人才是“善于处理自己的事务”人。绅士为适应社会的需要，应具有“德行、智慧、礼仪、学问”这几种品质。

（二）终极性教育目的和发展性教育目的

终极性教育目的，也称理想的教育目的，是指具有终极结果的教育目的，表示各种教育及其活动在人的培养上最终要实现的结果，它蕴含着人的发展要求具有“完人“的性质。

发展性教育目的，也称现实的教育目的，是指具有连续性的教育目的，表示教育及其活动在发展的不同阶段所要实现的各种结果，表明对人培养的不同时期、不同阶段前后具有衔接性的各种要求。

（三）价值性教育目的和操作性教育目的

价值性教育目的，是指具有价值判断意义的教育目的，即含有一定价值观实现要求的教育目的，表示人才培养所具有的某种价值取向，是指导教育活动最根本的价值内核。

操作性教育目的，是指具有实践操作意义的教育目的，即现实要达到的具体的教育目标，表示实际教育工作努力争取实现的某些具体目标，一般是由一系列短期、中期、长期的具体教育目标所组成。

三、教育目的的功能

教育目的的功能是指教育目的对实际教育活动所具有的作用。[①] 教育目的的功能主要表现在以下几个方面。

（一）定向功能

教育目的能给教育指示未来方向（“为谁培养人”“培养什么样的人”），还包含解决现实教育问题的具体路径。具体表现为：一是对教师教学方向的定向作用，教师知道自己教学的重点；二是对课程选择及其建设的定向作用。

（二）调控功能

教育目的对教育活动的调控主要借助以下方式来进行：一是通过确定价值的方式来进行调控，这一点主要体现在对教育价值取向的把握上；二是通过目标的方式来进行调控；三是通过标准的方式来进行调控，教育目的总是含有培养什么样的人的标准要求，教育者根据这一标准调节和控制自身对教育内容或教学方式的选择等。

（三）评价功能

教育目的不仅是教育活动应遵循的根本指导原则，而且也是检查评价教育活动的重要依据。教育目的的评价功能集中体现在教育评估或教育督导行为中。

---

① 全国十二所重点师范大学联合编写. 教育学基础[M]. 北京：教育科学出版社，2002.

（四）选择功能

教育目的选择功能集中体现在教育活动与教育内容的选择上。

四、教育目的的选择与确立

教育目的的选择，即对人培养目的或目标所进行的选取或抉择。[①] 教育目的的确立，即以一定的组织形式对教育目的进行确认和确定，是对教育目的或目标选择结果的肯定。[②]

教育目的的选择与确立是结合在一起进行的。

（一）教育目的的确立依据

1. 教育目的的确立要符合社会、政治、经济发展的需要

教育目的属社会意识形态范畴，与社会、政治、经济有着直接的制约关系。有什么样的社会、政治、经济，就会有什么性质的教育目的。不同社会、阶级的人才标准不同，教育目的就会不同。

2. 教育目的的确立要反映生产力和科学技术发展对人才的需求

教育目的的确立从根本上来说，必须反映客观生产力和科学技术发展的实际需要。不同社会、时代，生产力和科学技术发展水平不同，对人才规格、类型和标准的需要不同，教育目的的具体内容就不同。

3. 教育目的的确立要遵循受教育者身心发展的规律

从人的身心发展的特点来看，它是确定各级各类教育目的的不可忽视的重要依据。若不考虑这一点，教育活动就会脱离学生身心发展水平，很难有效促进学生发展。人在不同的年龄阶段，身心发展特点和水平是不一样的。人的身心发展具有顺序性、阶段性、稳定性和个别差异性等特点，这是各级各类教育选择确立教育目的要把握的基本前提。人的发展，有物质的和精神的、生存和发展等方面的需要。如果不考虑人的发展需要，就不能唤起受教育者在教育活动中的主动性和自觉性，就不能很好地培养富有创造性和积极主动精神的社会主体。

（二）教育目的基本价值取向

人们选择和确立教育目的，都是从各自的利益和需要出发，在选择和取舍中体现人们不同的价值追求，这就涉及教育目的的价值取向问题。

教育目的价值取向，是指教育目的的提出者或从事教育活动的主体依据自身的需要对教育价值做出选择时所持有的一种倾向。[③] 教育目的选择有两种典型的价值取向，即个人本位论和社会本位论。

1. 个人本位论

个人本位论流行与 18 世纪和 19 世纪上半叶的西方，主要代表人物有卢梭、福禄培尔

---

①② 全国十二所重点师范大学联合编写. 教育学基础[M]. 北京：教育科学出版社，2002.

③ 王道俊，郭文安. 教育学[M]. 北京：人民教育出版社，2009，89.

等。个人单位论的基本主张有三点:①教育目的是根据个人发展需要来制定的;②个人价值高于社会价值;③人生来就具有健全的本能,教育的基本职能就在于使这种本能不受影响地得到发展。如卢梭在《爱弥儿》一书中提到,出自造物主手中出来的东西就是好的,而一到了人手里就全变坏了。

卢梭的教育目的观

卢梭在《爱弥儿》一书中提到,出自造物主手中出来的东西就是好的,而一到了人的手里就全变坏了。因为现存的一切制度、习俗都违背了自然秩序,压抑了人的自然本性和个性。他反对教育把儿童训练成违背儿童自然生长秩序的"公民",把培养自然人作为教育目的。在他看来,人有各种自然禀赋和发展的本性。如果按照社会要求去培养人,就会阻碍这种本性的健全发展。如果按照一定的社会需求来规定教育目的的话,就会使教育成为一种强迫的、外在的过程,进而抹杀它的本性。[①]

2. 社会本位论

社会本位论的主要代表人物有凯兴斯泰纳、涂尔干、纳托尔普等。社会单位论的基本主张有三点:第一,个人的一切发展都有赖于社会;第二,教育的唯一目的是满足社会的需要;第三,教育的结果或效果是以其社会功能发挥的程度来衡量的。

心语感悟

在教育目的决定方面,个人不具有任何价值,个人不过是教育的原料,个人不可能成为教育的目的。

——纳托尔普

个人本位论离开社会来考虑人的发展,无视人发展的社会要求和社会需要,甚至把满足人的需要和社会需要对立起来,具有一定的片面性。

社会本位论的价值取向重视教育的社会价值,强调教育目的从社会出发,满足社会的需要,具有一定的合理性。但过分强调人对社会的依赖,易造成教育对人的培养只见社会不见人,没有把人作为社会主体,造成对人本性发展的严重束缚和压抑。

斯宾塞的教育目的观

斯宾塞明确提出,教育的目的是为"完满的生活做准备",学校应开设以下五种类型的课程:第一类是生理学和解剖学;第二类是逻辑学、数学、力学、天文学、地质学等;第三类是心理学、生理学、教育学,这一类是履行父母责任必需的知识;第四类是历史;第五类是文学、艺

① 全国十二所重点师范大学联合编写.教育学基础[M].北京:教育科学出版社,2002,64.

术等，这一类是满足人们闲暇时休息和娱乐的知识。

第二节 我国的教育目的

问题引入

新中国成立后，我国的教育目的观经历了怎样的演变？我国教育目的的精神实质是什么？带着这些问题一起进入本节的学习。

一、我国的教育目的及精神实质

（一）不同时期的教育目的观

1957年，社会主义改造完成后，便以发展社会生产力、发展经济为重点，为了适应新时期政治、经济等方面发展的要求，毛泽东同志在国务会议中指出，我们的教育方针，应该使受教育者在德、智、体几个方面都得到发展，成为有社会主义觉悟的有文化的劳动者。

1978年，我国的教育目的在人大会议通过的宪法中被表述为，我国的教育方针是教育必须为无产阶级服务，教育必须同生产劳动相结合，使受教育者在德育、智育、体育几个方面都得到发展，成为有社会主义觉悟的有文化的劳动者。

1981年《关于建国以来党的若干历史问题的决议》对教育目的进行新的表述，坚持德智体全面发展、又红又专、知识分子和工人农民相结合、脑力劳动和体力劳动相结合的教育方针。在同年五届人大政府工作报告中指出教育目的是，使受教育者在德育、智育、体育几个方面都得到发展，成为有社会主义觉悟的有文化的劳动者和又红又专的人才，坚持脑力劳动和体力劳动相结合，知识分子和工人农民相结合。

1982年《中华人民共和国宪法》中规定，国家培养青年、少年、儿童在品德、智力、体质等方面全面发展。

1985年《中共中央关于教育体制改革的决定》指出：教育要为90年代至下世纪初叶我国经济和社会发展培养新的能够坚持社会主义方向的各级各类人才。明确指出：所有这些人才都应该有理想、有道德、有文化、有纪律，热爱社会主义祖国和社会主义事业，具有为国家富强和人民富裕而艰苦奋斗的献身精神，都应该不断追求新知，具有实事求是、独立思考、勇于创造的科学精神。

1986年《中华人民共和国义务法》规定，义务教育必须贯彻国家的教育方针，努力提高教育质量，使儿童、少年在品德、智力、体质等方面全面发展，为提高全民族素质，培养有理想、有道德、有文化、有纪律的社会主义的建设人才奠定基础。在这里，首次把提高全民族素质纳入教育目的。

1990年《中共中央关于制定国民经济和社会发展十年规划和“八五”计划的建议》把教

育方针和教育目的明确表述为，教育必须为社会主义现代化建设服务，必须与生产劳动相结合，培养德、智、体全面发展的建设者和接班人。

1993年《中国教育改革和发展纲要》提出，教育改革和发展的根本目的是提高民族素质，多出人才，出好人才，各级各类学校要认真贯彻“教育为社会主义现代化建设服务，必须与生产劳动相结合，培养德、智、体全面发展的建设者和接班人”的方针，努力使教育质量在90年代上一个新台阶。

1995年《中华人民共和国教育法》规定，教育为社会主义现代化建设服务，必须与生产劳动相结合，培养德、智、体等方面全面发展的社会主义事业的建设者和接班人。

1999年6月的《中共中央国务院关于深化教育改革全面推进素质教育的决定》把教育目的表述为，以培养学生的创新精神和实践能力为重点，造就有理想、有道德、有文化、有纪律的德、智、体等方面全面发展的社会主义建设者和接班人。

2001年6月的《国务院关于基础教育改革与发展的决定》明确提出，要高举邓小平理论伟大旗帜，以邓小平同志“教育要面向现代化，面向世界，面向未来”和江泽民同志“三个代表”的重要思想为指导，坚持教育必须为社会主义现代化建设服务，为人民服务，必须与生产劳动和社会实践相结合，培养德、智、体、美等全面发展的社会主义事业建设者和接班人。

（二）教育目的的精神实质

我国教育目的的总精神，就是培养学生成为未来国家、社会发展的主人。其基本点包括三个方面：培养“劳动者”或“社会主义建设人才”、坚持全面发展、培养独立个性。我国教育目的的基本精神就是培养德、智、体、美全面发展的、具有创新精神、实践能力和独立个性的社会主义现代化需要的各级各类人才。

1. 培养“劳动者”或“社会主义建设人才”

虽然关于我国当代教育目的的表述在变化，但是培养“劳动者”或“社会主义建设人才”这一点始终没有变。劳动是个人谋生、获得幸福的手段，是个人为社会做贡献的形式，通过劳动，个人才能为社会经济发展贡献自己的一分力量，同时也实现自己的人生价值。劳动者包括体力劳动者和脑力劳动者。

2. 坚持全面发展

一般来说，受教育者的全面发展包括生理和心里两个方面的发展。生理方面的发展主要是指受教育者机体的发育，体质的增强，运动、神经等系统生理功能的完善。心理方面的发展主要是指受教育者的德、智、美几个方面的发展。德的发展，含义较广泛，包括政治态度、思想观点以及道德品质，要求受教育者能从人民群众的立场出发，学会处理个人与自然、个人与社会的关系。智的发展，包括智力的发展和科学文化知识的掌握，重在提高受教育者各方面的能力，更好地处理人与自然、人与社会的关系。美的发展，包括感受美、鉴赏美和创造美的能力以及审美情操的发展，重在培养受教育者不断的追求美。

3. 培养独立个性

这里的“个性”更多的是从哲学、社会学和教育学上来认识，是一个人的主体性、独立性、创造性和自由性在社会关系中的集中体现。心理学上的“个性”更多的是从个人人格特征上考虑问题。培养受教育者的独立个性，就是要使受教育者的个性自由发展，增强受教育者的主体意识，形成受教育者的开拓精神、创造才能，提高受教育者的个人价值。[①] 独立个性与全面发展二者并不矛盾。"全面发展"即个性的全面发展，是指受教育者个体必须在德、智、体、美等方面都得到发展；"独立个性"即全面发展的个性，是指德、智、体、美等素质在受教育者身上的特殊组合。

心语感悟

一切以往的道德论归根到底都是当时的社会经济状况的产物。而社会直到现在还是在阶级对立中运动的，所以道德始终是阶级的道德。

——恩格斯

二、我国教育目的的理论基础

马克思主义关于人的全面发展学说是我国教育目的的理论基础。

（一）马克思主义关于人的全面发展学说的基本思想和含义

1. 马克思主义关于人的全面发展学说的基本思想

马克思主义关于人的全面发展学说是马克思主义教育思想的重要组成部分。其基本思想是：人的发展是与社会生产发展相一致的；旧式劳动分工造成了人的片面发展，大工业机器生产要求人的全面发展，并为人的全面发展提供了物质基础；实现人的全面发展的根本途径是教育同生产劳动相结合。

2. 马克思主义关于人的全面发展的含义

综观马克思主义对人的全面发展的含义的各种表述，可见人的全面发展具有丰富的内涵。

（1）指人的生产物质生活本身的劳动能力的全面发展。这种劳动能力的全面发展表现为人的体力和智力的全面发展，还表现为人的才能和志趣的全面发展。

（2）指人的才能的全面发展。

（3）指人自身的全面发展，它意味着"人以一种全面的方式，也就是说，作为一个完整的人，占有自己的全面的本质"，"均匀地发展全部的特性。"

（4）指人的自由发展，包括"全部才能的自由发展""个性的比较高度的发展"等。

（二）我国全面发展教育的基本构成

若想实现教育目的，必须对受教育者实施全面发展的教育。我国全面发展教育的组成部分有德育、智育、体育、美育和劳动教育。

德育，即培养人的思想道德的教育，是向学生传授一定社会思想准则、行为规范并使其养成相应思想品德的教育活动，是思想教育、政治教育、道德教育等方面教育的总称。它的

① 王道俊，郭文安. 教育学[M]. 北京：人民教育出版社，2009，104.

基本任务有三点：培养学生良好的道德品质，使学生成为有文明行为习惯的遵纪守法的好公民；培养学生正确的世界观、人生观，学会辩证思维，勇于求知，敢于创造；培养学生健康的心理品质，能正确认识自己，提高其心理素质等。

谁是启蒙老师

玛丽老师班上来了一个新生泰勒。他成绩不好，不合群，常被欺负。玛丽老师了解到泰勒的妈妈去世了，爸爸没有工作，酗酒，不关心泰勒。玛丽老师鼓励泰勒好好学习，以后当医生，帮助像妈妈一样的病人。20年后，玛丽老师收到一张婚礼请柬。请柬里说，感谢玛丽老师帮其拾回自信，请玛丽代替妈妈的位置出席婚礼。落款是泰勒医生。玛丽老师回信说，收到请柬很荣耀，但你说错了。我教了一辈子书，是你教我懂得教人远比教书重要。你才是我的启蒙老师。

智育，是指向学生传授系统的科学知识和技能，发展学生智力的教育。智育的基本任务：向学生传授系统的科学文化基础知识以及培养基本的技能和技巧；发展学生的智力，智力包括观察力、思维力、注意力等因素。良好的智力对学生学习有促进作用。

体育，是指向学生传授身体运动及其保健知识，提高其体质，提高他们的身体素质和运动能力的教育。它的主要任务：传授基本的体育知识和基本技能，掌握正确锻炼身体的方法；向学生传授卫生保健知识，养成良好的卫生习惯；养成长期锻炼身体的习惯等。

美育，是指培养学生正确的审美观点，培养他们感受美、鉴赏美和创造美的能力的教育。它的主要任务是：使学生有感受美、欣赏美的能力，有正确的审美观点；培养学生美好的心灵，达到内在与外在美的协调统一。

第三节　素质教育理论与实践

问题引入

素质教育一词最早出现于20世纪80年代初期，以全面提高国民素质为宗旨。那么素质教育的具体内涵是什么？素质教育经历了怎样的发展历程？现今，我们如何去实施素质教育？带着这些问题进入本节的学习。

实施素质教育是我国社会主义现代化建设事业和适应国际竞争的需要，发展教育事业，提高全民族的素质，把人口负担转变为人力资源优势。

一、素质教育的内涵和特征

（一）素质教育的内涵

素质教育是指教育者基于个体发展和社会发展的需要，利用各种有利条件，通过多种有效途径，以适当的方法引导全体受教育者积极主动地最大限度地开发自身的潜能，提高自身的整体素质，并实现个性充分而自由发展的教育。① 1999 年 6 月公布的《中共中央国务院关于深化教育改革全面推进素质教育的决定》指出，实施素质教育，就是全面贯彻党的教育方针，以提高国民素质为根本宗旨，以培养学生的创新精神和实践能力为重点，造就"有理想、有道德、有文化、有纪律"的、德、智、体、美等全面发展的社会主义事业建设者和接班人。这阐释了素质教育的本质。

视野拓展

猴子掰玉米

猴子掰了一个玉米，然后又发现了西瓜，就把玉米丢了去拿西瓜，走着、走着又发现了兔子，然后就去抓兔子，把西瓜丢了。老师问："你们怎么看待猴子呢？"有的学生认为这只猴子不聪明，太贪心，结果什么都没有得到。有的学生认为这只猴子值得表扬，总是在追求新的东西，不安于现状，这种进取精神是值得学习的。每个学生都有自己的想法，他们的回答反映了学生的智慧。因此，不要用标准答案来评价学生，在学习中多鼓励学生去思考，勇于发表自己的看法。素质教育的重点就是要培养学生的实践能力和创新精神，因此，我们要鼓励学生的创造性，保护学生的智慧火花。

（二）素质教育的基本特征

素质教育的对象是全体学生。素质教育不追求升学率，并不只关注优等生，是面向全体学生的教育，是面向未来的全面的教育。素质教育能够让每一个学生都得到发展，同时也尊重学生的个体差异性。

素质教育是促进学生个性主动发展的教育。学生是主体性的人，素质教育就是要改变应试教育没有尊重学生主体性这个缺点，调动学生的主动性，促进学生生动活泼的发展。

素质教育是培养学生创新精神和实践能力的教育。创新是一个民族的灵魂，是一个国家兴旺发达不竭的动力。《中共中央国务院关于深化教育改革和全面推进素质教育的决定》指出：实施素质教育要"以培养学生的创新精神和实践能力为重点"。

素质教育是促进学生德、智、体方面全面发展的教育。素质教育包括身体素质、心理素质、文化素质、品德素质教育等方面。素质教育就是要全面发展学生的这些素质，要求德、智、体等方面同步发展。培养德智体全面发展的人是当今时代的要求。

---

① 于建福. 素质教育[M]. 北京：教育科学出版社，1999，6.

二、素质教育的发展历程

了解素质教育的发展历程有利于正确理解素质教育的内涵和意义。从政策导向的角度来看，素质教育发展的历史阶段大概可分为三个阶段。

（一）素质教育形成初期(1984—1993 年)

在 80 年代，高考恢复后，急需人才，为了选拔出人才，就以考试分数作为选拔人才的依据。于是，就出现了片面追求升学率，学生学习负担过重。政府反复强调教育要全面提高“劳动者素质”“全民素质”，等等。1984 年，湖南汨罗市教育局提出以素质教育为宗旨的“教育整体改革方案”，而且取得了宝贵的经验。第一篇出现“素质教育”这个概念的文章是《素质教育是初中教育的新目标》(《上海教育》1988 年第 11 期)，此时在政府文件中没有使用“素质教育”这个概念。1993 年 2 月 12 日，《中国教育改革和发展纲要》首次明确指出中小学存在着“应试教育”的倾向，并提出中小学要“转向全面提高国民素质的轨道”。

（二）实验推广阶段(1994—1998 年)

1993 年后，教育理论界从心理学、生理学、教育学等角度对素质教育进行了广泛探讨和研究。湖南汨罗市广泛推行素质教育，这是一个转折点，使得改革试验从学校扩展为区域性，为全国中小学全面实施素质教育奠定了广泛的群众基础。烟台会议进一步推动了全国中小学素质教育的实施。时任国家教委副主任柳斌谈到了实施素质教育，“转变观念是前提”“建立新的评价机制是关键”“建设高素质的教师队伍是根本”“优化教育教学过程是核心”。①

（三）全面推进阶段(1999 年至今)

1999 年召开了第三次全国教育工作会议，发布了《中共中央国务院关于深化教育改革全面推进素质教育的决定》指出：实施素质教育，就是全面贯彻党的教育方针，以提高国民素质为根本宗旨，以培养学生的创新精神和实践能力为重点，造就有理想、有道德、有文化、有纪律的德、智、体等方面全面发展的社会主义事业建设者和接班人。会议明确指出“实施素质教育应当贯穿于幼儿教育、中小学教育、职业教育、成人教育等各级各类教育，应当贯穿于学校教育、家庭教育和社会教育等各个方面。”这次会议以后，推动了各级各类学校和社会各方面投入素质教育的探讨和实践中。

三、素质教育的实施

（一）转变旧的教育观念

在新课程改革的背景下，要打破旧的教育思想，树立实施素质教育的新理念。其一，转变基础教育为升学服务的思想，树立基础教育全面为社会主义建设服务，为提高综合国力服

---

① 于国华. 素质教育新论[M]. 北京：光明日报出版社，2001，4.

务的思想。其二，树立博爱，为每个学生负责的思想，转变只关注少数成绩优异的学生的思想。其三，改变评价观念，不要用分数、考试成绩作为评价学校、教师教学质量的唯一标准。其四，转变人才观念，不要把升学看作是人才的成才标准，树立多渠道成才、多规格育才的思想。要实施素质教育，首要就是要转变旧的教育思想，树立素质教育观念，提高人们对教育的认识。

（二）建立新的教育教学模式

教育目标的实现是通过教育教学活动来完成的，因此，需要改变应试教育的教育教学模式，建立实施素质教育的新模式。刘斌也说过，实施素质教育，优化教育教学过程是核心。新的教育教学模式需要遵循的基本原则：其一，进行开放性教学，加强学校和家庭、社区的联系，使得家庭、学校、社区都能参与教育教学过程，形成教育合力；其二，教育形式要多样化，以集体教学为主，辅以小组教学、个别教学等形式；其三，灵活运用教育方法，根据具体的学生情况、情境选择合适的教育方法，实行因材施教，最大限度地促进学生的发展；其四，正确选择教学手段，随着科学技术的发展，可以引入多媒体教学、网上教学等现代化教学方式，运用现代化教学手段灵活进行教学，但是，要正确选择现代化教学手段，多媒体的选择要考虑具体情况，不能为直观而直观，只要引入现代化教学手段就是好的，需要根据具体情况进行选择。

（三）构建新的课程体系

课程体系是教育目的和任务最直接的反映，是实施学校教育活动的主要依据。素质教育在于提高民族素质，着眼于学生的全面发展，因此需要建立新的课程设置和内容。实施素质教育，需要优化课程结构，更新教学内容。①建立新的课程框架，要紧扣学生素质全面发展这一核心，改变学科本位或知识本位为主的课程框架。②实施国家课程、地方课程、校本课程相结合，改变全国国家课程高度统一的课程结构。③必修课程与选修课程相结合。④改变课程难、繁、偏、旧的内容，更新课程内容，使得课程内容适应学生，适应社会。

视野拓展

粮道街中学：希望教育①

湖北省粮道街中学原来是一所办学条件差、生源差的四年制薄弱初中，差生率达 80%，首届毕业生合格率达 11.2%。该校提出希望教育办校 3 年后，1993 年毕业生合格率达 99.7%。

该校发现该校的学生与重点中学学生的主要差距是在心理品质上，不是在智力、体力上。中差生在动机、意志、性格、习惯等方面比较差，特别是缺乏自信和自制力。因此，该校加强对学生自信心、自制力的培养。根据本校学生的心理品质特点，努力点燃学生的希望之火，并通过目标分类，培养学生的希望心理，能够积极实现自己的目标。

希望教育设计了 3 大块 16 项目标体系：总体目标——德、智、体、美；心理目标——动

① 崔相录. 素质教育实施方法[M]. 山东：山东教育出版社，1998，64-66.

机、意志、兴趣、性格、习惯等；能力目标——学习能力、生活能力、社交能力等。每一项都分成四类，并分别制定出标准。首先，让学生根据自己情况，确定自己的起点，在64条标准中找出自己的坐标；然后学生根据自我情况制定出16项在1年、2年、3年、4年分别所要达到的目标。目标制定后，根据激励性原则、因材施教原则等培养学生正确的、稳定的希望心理，鼓励学生朝自己的目标努力。希望教育的核心是激励，点燃学生内在的希望之火，形成正确的希望心理。希望教育非常注重形成性评估、自评与他评结合，对16项目标全面评估。这与传统教育注重考试成绩有很大的不同，这种评估法对学生养成正确的希望心理有促进作用。

（四）培养新型的高质量的教师

刘斌认为，实施素质教育最根本的一条是建设一支高素质的教师队伍。实施素质教育关键在于教师，教师具有符合素质教育的观念和能力，实施素质教育才能得到基本保证。需要对教师提出新的要求，加强师范教育，提高师资培养的质量，使其适应时代的要求。

（五）建立新的素质教育评价机制

改变课程评价过于强调甄别与选拔的功能，应试教育把考试分数作为评价学生的唯一尺度，这样就不能发挥评价促进学生发展、教师提高、改进教学实践的功能。根据评价在教学过程中的作用可以分为诊断性评价、形成性评价、总结性评价，要灵活运用多种评价，特别是重视形成性评价，发挥评价促进学生发展、教师提高的功能。根据素质教育的理念和要求，构建新的素质教育评价模式，发挥评价的促进作用。

温故知新

广义的教育目的是指，存在于人的头脑之中的对受教育者的期望和要求。狭义的教育目的是指由国家提出的教育总目的和各级各类学校的教育目标，以及课程与教学等方面对所培养的人的要求。从被实际所重视的程度来看，有正式决策和非正式决策之分；从其要求的特点来看，有终极性和发展性之分；从其作用的特点来看，有价值性和操作性之分。

教育目的的功能是指教育目的对实际教育活动所具有的作用。教育目的具有定向功能、选择功能、调控功能、评价功能。教育目的的选择，即对人培养目的或目标所进行的选取或抉择。教育目的的确立要符合社会政治经济的需要、要反映生产力和科学技术发展对人才的需求、要符合受教育者身心发展的需要。人们选择和确立教育目的，都是从各自的利益和需要出发，这涉及教育目的选择价值取向问题。教育目的的价值取向，是指教育目的的提出者或从事教育活动的主体依据自身的需要对教育价值做出选择时所持有的一种倾向。

教育目的选择有两种典型的价值取向，即个人本位论和社会本位论。素质教育是指教育者基于个体发展和社会发展的需要，利用各种有利条件，通过多种有效途径，以适当的方法引导全体受教育者积极主动地最大限度地开发自身的潜能，提高自身的整体素质，并实现个性充分而自由发展的教育。可以通过转变旧的教育观念、建立新的教育教学模式、构建新的课程体系、培养高素质的教师、建立新的素质教育评价机制等方面实施素质教育。

【本章练习】

1. 名词解释:教育目的;教育目的价值取向。
2. 教育目的的功能有哪些?
3. 阐述个人本位论与社会本位论的基本观点,并予以分析评价。
4. 如何实施素质教育?

第五章
教育制度

【内容概要】

☆ 学校教育制度的概念
☆ 教育制度的特点
☆ 建立学校教育制度的依据
☆ 制约教育制度的社会因素
☆ 西方古代学校教育制度
☆ 西方现代教育制度的确立和发展
☆ 旧中国的学校教育制度
☆ 新中国的学校教育制度
☆ 我国学制的改革与发展

第一节　教育制度概述

问题引入

什么是教育制度？它有哪些特点？现代学校教育制度有哪些类型？带着对这些问题的思考进入本节的学习。

一、什么是教育制度

广义的教育制度是指国民教育制度，是一个国家为实现其国民教育目的从组织系统上建立起来的一切教育设施和有关规章。首先，广义的教育制度包括一切教育设施；其次，广义的教育制度还包括有关规章制度。

狭义的教育制度是指学校教育制度，简称学制，是一个国家各级各类学校的总体系，具体规定各级学校的性质、任务、目的、要求、入学条件、学制年限及它们之间的相互关系。学校教育制度是国民教育制度的核心，是国民教育中最重要的组成部分，体现了一个国家国民教育制度的实质。

学制主要包括两个方面：一是学校教育设施，主要是各级各类学校，这些设施又称教育组织；二是学校规章制度。

二、教育制度的特点

教育制度既有与其他类型的社会制度相类似的特点，又有自身独特的特点。

1. 客观性

教育制度作为一种制度化的东西，不是从来就有的，而是一定时代的人们根据自己的需要制定的。它的客观基础主要是由社会生产力发展水平所决定的。教育制度的制定虽然反映着人们的一些主观愿望和特殊的价值需求，但是，人们并不是也不可能随心所欲地制定或废止教育制度。教育制度的制定或废止，有它的客观基础，是有规律可循的。这个客观基础和规律性主要是由社会生产力发展水平所决定的。例如，近代以来普及义务教育的提出，虽然与个别机构或个别人的提倡有关，在不同国家提出的时间和普及的年限也有所不同，但是归根结底反映了现代大机器生产对劳动者文化素质的要求，反映了大工业时代初期体力劳动和脑力劳动由分离走向结合的趋势。这些都是客观的，不依个别人意志为转移的。

2. 取向性

任何教育制度都是其制定者根据自己的需要制定的，具有一定的取向性。否认教育制度的取向性，把一种教育制度宣传为公平的为所有人提供教育服务的做法是自欺欺人的。任何教育制度的变革都可以说是重新对教育取向选择的结果。在阶级社会中，教育制度的取向性主要表现为其阶级性，即教育制度总是体现着某一阶级的价值取向，总是为某一阶级的利益服务。

3. 历史性

在不同的社会历史时期和不同的文化背景下，会有不同的教育制度。教育制度随着时代和文化背景的变化而不断创新。

4. 强制性

教育制度作为教育系统活动的规范，是面向整个教育系统的。从某种意义上来说，它独立于个体之外，对个体的行为具有一定的强制作用。只要是制度，都要求个体无条件遵守，违反制度就要受到不同形式的惩罚。例如，学校的考试制度规定，任何学生和教师在考试过程中不能有舞弊行为，否则，一经查实，就要给予适当的处分。考试制度对学生和老师个人都有一种强制性。

三、建立学校教育制度的依据

学校教育制度的制定和改变，受一定的社会条件和人的身心发展规律等很多因素的制约，主要有以下几个方面。

1. 一定社会政治经济制度的要求

一个国家的学校教育制度总是要为一定统治阶级服务的，所以，学制的制定首先要服从统治阶级的需要，受政治、经济制度的制约。在阶级社会中，学制具有阶级性。

2. 社会生产力和科技发展水平

社会生产力和科学技术发展水平直接影响着学校教育的培养目标、专业设置、课程结构、普及程度、修业年限，影响着学校教育的物质条件、发展速度及规模等，所以，学制的制定要受到一定社会生产力及科技发展水平的制约。比如，在社会生产力及科技水平极低的古代社会，生产劳动并未对学校提出培养专门人才的要求，因而学校类型较为单一。而随着现代化生产的发展和科学技术的迅速进步，带来了教育观念的巨大变革，一个以重视学前教育、延长义务教育年限、发展职业技术教育和继续教育为目标的多类型、多形式、多层次、多分支、相互联系的一体化学校教育制度正在各国形成，这都是生产力与科技发展的结果。

3. 青少年的身心发展规律

人的一生经历了不同的发展阶段,这些阶段相互连续而又各有其不同的年龄特征。制定学制,确定入学年龄、修业年限、各级各类学校的分段和衔接,都必须适应人的身心发展的客观规律,切合其智力和体力的发展水平。

5～6 岁时,脑的结构发育已相当成熟,可以进行书本和文字等方面的学习,因此,大多数国家的儿童入学年龄都规定在 6 岁左右。到 16、17 岁以后,随着身心发展的全面成熟,学生则进入专业技术学习时期。从人的身心发展规律来看,从 5～18 岁正是学生接受和存储各种科学文化知识与接受全面教育的最佳时期。各国的学制虽历经改革、体制繁杂、类型多样,但学制中基础教育阶段的在学年龄都稳定在 5～18 岁之间。同时,为适应人的身心发展的阶段性,各国大都把学校教育相对划分为小学、中学、大学等层次,而中学又分为初中、高中两个阶段。这些情况突出反映了学制必须适应受教育者身心发展的规律要求。

4. 民族文化传统和外国学制的影响

各国学制的形成和发展,绝不可能脱离、抛弃本国学制发展的历史,必须适应本国的文化传统和民族语言文字特点。例如,我国是使用汉字的国家,这就决定了我国学制尤其是在基础教育阶段的规定不同于使用拼音文字的国家。当然,由于人的身心发展规律及社会发展过程的共同性,在学制的某些方面,如入学年龄、普及教育的年限、学校教育阶段的划分以及办学形式等方面也会有许多共同之处,也会吸收、借鉴其他国家的成功经验。

总之,学校教育制度是受多种因素制约的。只有全面认识学制形成和发展的各种制约因素,从我国国情出发,进行多方面的探索和实验,才有可能创建比较合理和完善的、具有中国特色的社会主义学制。

四、制约教育制度的社会因素

教育制度如同整个教育一样,除受人的身心发展规律制约外,还受整个社会的制约。人的身心发展规律制约着教育制度的纵向分段以及其他许多方面,而教育制度的性质、状况及其发展,则主要是由各种社会因素决定的。

1. 政治

教育是人类的一种社会活动,在阶级社会里具有鲜明的阶级性。掌握着政权的统治阶级必然要掌握教育权,决定着不同社会背景的学生享受教育的类型、程序和方式。统治阶级的这些要求既体现在它们的教育观念上,又体现在它们的教育制度上,而且必须借助教育制度加以保障和实现。因此,政治制度对教育制度的影响是直接的。

2. 经济

经济的发展为教育制度提供了一定的物质基础和相应的客观需要。

3. 文化

教育活动既是在一定的文化背景下进行的,又承担着一定的文化功能,如文化选择、文化传承、文化整合与文化创造等。不同的文化类型必然会影响到教育的类型,影响到教育制度。

4. 人口

人口的数量、质量、分布和年龄结构等都影响着教育制度。

第二节　西方的学校教育制度

问题引入

由于我国近现代的学制一直以西方为模版，所以我们先来看看西方学校教育制度的沿革。总的来说，古代西方并没有形成一个系统的、统一的学校教育制度。近代西方学校教育制度的形成是人类教育史上的重大事件，它推动了人类制度化教育的发展，并深刻地影响到我国现代学制的建立。当前，西方的学校教育制度正处于一个剧烈的变革时期。西方的学校教育制度经历了哪些发展，其学制改革的发展趋势又是怎样的呢？让我们一起来了解西方的学校教育制度。

一、西方古代学校教育制度

（一）古希腊的学校教育制度

1. 雅典的民主教育制度

① 0～7 岁接受家庭教育。

② 7～12(13)岁上音乐学校。

③ 12(13)～15(16)岁上体育(体操)学校。

④ 15(16)～18 岁上体育馆学习：学习投标枪、驾驭战车、角力等在当时十分重要的知识，为学生成为一名军人做准备。

⑤ 18 岁以后上埃夫比学校学习。

雅典民主教育制度的目的在于培养民主的公民，有广泛的文化修养，发达的智力，健康的体魄，多方面的兴趣，身心和谐发展等。女子在家里接受教育。以私立学校为主，学生上学要交纳一定数量的费用，只有部分有钱家庭的子女才能接受良好的教育。

2. 斯巴达的军事教育制度

① 0 岁以前就开始进行胎教：斯巴达非常重视胎教。

② 0～7 岁接受学前(家庭)教育。

③ 7～18 岁上国家设置的寄宿学校。

④ 18～30 岁接受长期的军事训练。

斯巴达军事教育制度的特征：教育由国家办理，禁止私人办学；教育的目的是培养骁勇善战的军人，与雅典的全面发展教育有很大差别；男女接受同样的教育，对女子教育产生深远影响。

(二) 中世纪的西方教育制度

1. 宗教教育

宗教教育主要由教会学校进行传授,学习神学知识,其目的在于培养僧侣,并向群众宣传教义。

2. 中世纪大学的兴起

公元21世纪,一些大的主教学校和修道院发展成为大学,是古代西方教育史上的重大事件。比较著名的有巴黎大学、牛津大学等。在学校组织上,中世纪大学分为两段(预备阶段和正式阶段)、四科。预备阶段学习“七艺”,包括文学、修辞、辩证法、算术、几何、天文和音乐。然后才能报考神学、医学和法学等科目,在入学年龄和学习年限上没有严格的规定,每科学习时间一般为5～7年。

中世纪大学是中世纪学校教育制度发展的重要成果,对于保存和整理古代文化遗产、进行国际的跨文化交流以及发展学术都起到了重要的作用,为文艺复兴准备了条件。

3. 行会学校与城市学校的出现

行会学校是非正规学校,跟随师傅学习生产知识和技能,为工商业培养人才。城市学校是为城市发展,为贫困子弟开办的学校,属于初等教育性质。

4. 骑士教育

为世俗的封建主培养随从的教育。学习“七技”、诗歌等。

总之,西方在这一时期并没有形成统一的学校教育系统,不同类型的学校之间缺乏内在的联系,教育反映统治阶级的利益和要求,广大的劳动人民被排斥在学校系统之外。

二、西方现代学校教育制度的确立及发展

(一) 西方现代学校教育制度的确立

西方现代学校教育制度酝酿于18世纪,确立于19世纪,发展于20世纪。现代学校教育制度是资本主义机器大生产的产物,其确立受到以下几个方面因素的影响。

第一,对古代学制的合理继承和发展。

第二,资本主义国家生产力和生产关系的发展。古代学制是政治和阶级斗争的工具,是为维护统治阶级利益服务的。随着资本主义生产力的发展和生产方式的变革,要求劳动者接受更多的、系统的、实用的学校教育,以满足大生产的需要。

第三,劳动人民自觉斗争的结果。劳动人民逐渐认识到,要取得斗争的胜利,保障自身利益,就必须接受教育,学习科学文化知识。为争取教育权而进行的斗争,推动了现代学制的建立。

第四,现代科学技术的发展。科技的发展要求普及科技知识,从而使科技知识逐渐成为学校课程的核心。

（二）西方现代学校教育制度的发展过程

1. 英国学制的发展过程

14 世纪时英国产生了公学，性质是私立的，最初招收平民子弟入学，后改成招收上层社会的子弟，学习年限 5～6 年，主要学习学术性科目，后增加数学和自然科学。公学与中世纪大学联系密切，成为大学的预备性学校。

17 世纪一些宗教和慈善团体发起了慈善学校运动和星期日学校运动，兴办初等学校，招收劳动人民子弟，其办学质量比较差。

1807 年，怀特·布雷向议会提交议案，建议用公款资助建立国民教育制度。此后，要求用公款资助初等教育的呼声很高。1833 年，英国议会终于通过了一个 2 万英镑的拨款，支持各种初等学校。1839 年成立政府枢密院教育委员会，管理公共教育，初等教育权从教会手中转移到国家手中。1870 年国会通过初等教育法案，建立公共的初等教育制度。1880 年开始实行 5～10 岁的义务教育，1899 年实行 5～12 岁的义务教育，1894 年成立了中等教育委员会，1895 年提出了一个发展中等教育的报告。

1902 年议会通过中等教育法案，规定由地方政府统一管理初等教育和中等教育。1944 年英国通过巴特勒教育法案，该法案对英国的学校教育制度产生的影响很大。巴特勒教育法案明确提出：废除以往中小学互不连贯、相互重叠的学制，重新把教育系统划分为初等教育（5～11 岁）、中等教育（11～18 岁）和继续教育（职业教育）三个阶段。

2. 德国学制的发展过程

16 世纪以前德国的学校主要是教会学校，教会控制着学校的领导权。16 世纪路德领导的宗教改革运动，重视初等教育，提出普及教育的主张，促进了教育的发展。出现了一批为平民子弟而设立的带有复式教学性质的学校，和为童工进行补习而创办的工业学校和主日学校（星期日学校）。还设立了一批专供贵族子弟入学、培养封建王公官吏的古典文科中学、骑士学院和武士学院。1708 年出现了实科中学，此后这类中学大量出现，标识着现代学制的出现。

1763 年普鲁士王国颁布《乡村学校规程》，普及了义务教育，将初等教育领导权从教会手中夺回。

19 世纪初，洪堡领导的教育改革促使德国双轨制教育的初步形成。

3. 美国学制的发展过程

美国在独立战争之前的教育是英国宗主国教育的翻版，由教会控制，有强烈的殖民色彩。

1751 年富兰克林在费城办起了美国第一所具有预科性质的学校。

美国独立后，政府根据《独立宣言》的精神，提出了普及初等教育，发展中等和高等教育的政策，各州创办了不少世俗性的学校。

19 世纪初美国颁布了义务教育法，形成了初步的由各州管理的公立学校系统。

1821 年在波士顿建立了美国历史上的第一所公立中学，是一种新型中学，并形成了公立中学运动，之后公立学校迅速发展起来。

1863 年在南北战争后，美国形成了第一个自己的学制系统，即“八四四学制”，各级学校之间相互衔接,属于单轨制。

19 世纪末 20 世纪初,为适应青少年升学和就业的需要,各州先后将“八四四学制”改为“六三三学制”,从此“六三三学制”成为美国学校教育的基本制度,并对我国新中国成立前的学制产生了积极的影响。

(三)西方现代学校教育制度的几种主要类型

19 世纪末 20 世纪初,西方发达资本主义国家基本形成了三种基本的现代学制:即单轨制、双轨制和分支型学制。

1. 双轨制

双轨制出现最早,18 世纪已初露端倪,19 世纪开始定型,主要代表是第二次世界大战前的德、法、英等欧洲国家。它的学校系统分为两轨。一轨是下延型教育系统,是以中世纪发展起来的大学为起点,向下发展即为升大学做准备的中等学校教育。这类学校后来发展成专为资产阶级子女设立的学校,从小学、中学、直到大学。他们受到比较高深的、完备的学术教育。这类学校负担培养学术人才和管理人才,属于精英教育的范畴。另一轨是上延型教育系统,是为劳动人民子女设立的,学生读完初级小学后,不允许进入文法中学或公学,只能进入高等小学或初等、中等职业学校接受职业教育,这类学校负责培养熟练劳动力。两轨之间互不贯通,这种情况既与古代教育等级性有关,与资产阶级的自身利益有关,又与资本主义发展初期脑力劳动和体力劳动还存在严重的分离有关。其特点是两轨学校系统之间分工明确,分别承担精英教育和大众教育,但其背离了现代教育普及化、公平化的基本精神。第二次世界大战之后,随着生产领域中脑力劳动与体力劳动的进一步结合,加上教育民主化浪潮的压力,双轨制才渐渐自下而上并轨,但其痕迹仍明显存在。

2. 单轨制

19 世纪后期,体现教育民主的单轨学制最早在美国确立。其特征是所有学生在同样的学校系统学习,可以由小学升入中学、大学,各级各类学校互相衔接。美国是新兴资本主义国家,历史羁绊较少,以民主、自由、平等作为立国理念,这一点也反映在教育制度中。单轨制在形式上保证任何学生都可以由小学而中学直至升入大学。它最受称道之处在于其平等性,但在一定时期、一定程度上也往往存在着效益低下、发展失衡、质量悬殊等问题。但无论怎样,单轨制相对于双轨制来说,是一种历史的进步,有利于教育的普及,有利于提高全体国民的素质。应该说,单轨制、双轨制在产生发展之初,都是各国根据不同国情做出的历史抉择,具有相当的必然性和合理性。

3. 分支型学制

中间型学制又称“Y”型学制,也叫“分支型”学制,是一种介于双轨制和单轨制之间的学制,相对出现最晚,以第二次世界大战前的日本、苏联以及中国为代表。它试图融汇单轨制与双轨制之长,兼顾公平与效益,在义务教育阶段为单轨制,再往上则实行学术教育与职业教育分轨,但保留适当的贯通性,允许职业学校毕业生在一定条件下仍可报考大学。各国在施行中又根据情况有所偏倚,或倾向单轨,或倾向双轨。

三种类型学制如图 5-1 所示。

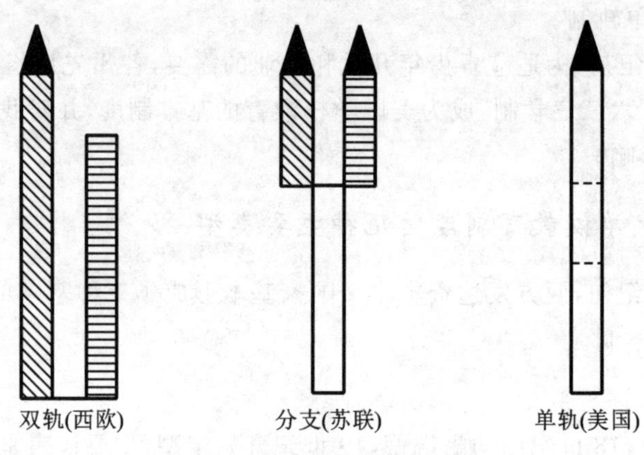

图 5-1　三种类型学制示意图

第三节　我国现代学校教育制度的沿革

问题引入

我国是文明古国，早在夏商时期就出现了专门的教育机构，到了西周，已形成了由“国学”和“乡学”构成的初步的学校教育体系，以后逐渐演变为以科学制度为中心的包括“官学”“私学”和“书院制”在内的古代学制。我国现代学制的发展又受到了古代学制怎样的影响呢？带着这个问题让我们一起来进入本节的学习，了解我国现代学制的发展历程。

一、旧中国的现代学校教育制度

我国实行现代学制始于清末。自 1840 年鸦片战争后，我国沦为半殖民地、半封建社会，清政府为了维护摇摇欲坠的统治，在“中学为体、西学为用”的方针指导下，于 1902 年模仿日本的学制，颁布了《壬寅学制》，但未来得及实行，1903 年又修改为《癸卯学制》，这是我国以法律形式颁布并在全国执行的第一个学制，也是我国第一个现代学制。其特点是修业年限长，从初等小学堂直到通儒院，全学程长达 26 年。但它仍具重大历史意义，因为它是指导我国古代学校走向现代学校的第一个学制，指导着我国教育向现代教育方向迈出了第一步。该学制一直沿用到清政府被推翻为止。

辛亥革命后，1912 年，以孙中山为首的南京临时政府对旧学制加以修订，颁布了《壬子癸丑学制》，第一次规定了男女同校，废止读经，充实了自然科学内容，将学堂改为学校。这个学制反映了资产阶级在学制方面的要求，它明令废除在受教育权方面的性别和职业的限制，在法律上给予平等待遇。这个学制较之清末学制有了较大的进步。第二次世界大战后，在美国教育思想的影响下，以美国“六三三”学制为依据，北洋军阀政府于 1922 年颁布了《壬戌学制》，该学制从小学到大学共 16 年，较符合中国国情，与《癸卯学制》相比是一个巨大的进步,它指导我国教育向现代教育方向迈出了第二步。该学制一直沿用到新中国诞生之初。

从清末废科举兴学堂到国民党统治时期的改学堂为学校,虽然学制几经变更,但由于旧中国半殖民地半封建社会的性质没有根本改变,生产力发展水平没有根本改变,所以学制必然一直带有半封建半殖民地的性质:既照抄帝国主义的学制,又保留封建教育制度的残余;既标榜要实施义务教育,又奉行愚民政策,把广大劳动人民排斥于学校之外;既高唱学习西方的现代科学知识,又轻视生产技术教育。正因为如此,旧中国的学制带有许多脱离中国实际,不符合人民需要的成分,劳动人民曾以敌视的态度称这些学校为“洋学堂”。

二、新中国的学校教育制度

我国社会主义学校教育制度是在老解放区新民主主义教育的基础上,批判地继承了1922年学制中的合理因素,并注重参照苏联学制而确立起来的。在社会主义革命和建设中,又根据我国经济建设和社会发展的需要,吸取世界各国学制改革的经验而逐渐完善起来。

(一) 我国社会主义学制的确立与发展

新中国成立之前,革命根据地和解放区依据教育为工农服务、为革命战争服务的原则,实行干部教育与群众教育并举,建立了各级各类学校,逐步形成了新民主主义的教育制度。在整个教育事业中,干部教育重于群众教育;在群众教育中,成人教育重于儿童教育。为适应战时生产的需要,其学校类型、入学条件、学习年限及各级学校的相互衔接灵活多样。老解放区的学校教育制度为我国社会主义学制的建立奠定了基础。

新中国成立后,依据“教育必须为国家服务,学校必须为工农开门”的教育工作总方针,1951年由中央人民政府政务院颁布了《关于改革学制的决定》,它标识着我国社会主义学制的建立。新学制发扬我国单轨学制的传统,使各级各类学校相互衔接,保证劳动人民子女受教育的平等权利;突出了职业教育、工农干部的速成教育和工农群众的业余教育在学校系统中的地位,形成了我国普通教育、职业教育和业余教育密切联系的完整体系。此学制指导我国教育向现代教育方向迈出了第三步。

1958年,中共中央、国务院公布了《关于教育工作的指示》(以下简称《指示》),提出了“两条腿走路”的办学方针和“三个结合”“六个并举”的具体原则。三个结合是:统一性与多样性相结合、普及与提高相结合、全面规划与地方分权相结合。六个并举是:国家办学与厂矿企业、农业合作社办学并举,普通教育与职业(技术)教育并举,成人教育与儿童教育并举,全日制学校与半工半读、业余学校并举,学校教育与自学(包括函授学校、广播学校)并举,免费教育与收费教育并举。《指示》中还规定全国要建立三类主要学校:全日制学校、半工半读学校、业余学校。1964年,党中央针对当时中小学教育结构单一、不能满足社会主义建设和广大青少年入学要求的问题,提出了实行“两种教育制度”的意见,即全日制学校与各种形式的半工(农)半读学校并存。

1966年开始的“文化大革命”,在“左倾”思想指导下,提出了“学制要缩短”“教育要革命”的口号,否定“两种教育制度”,任意缩短普通教育年限,大加砍杀中专和技校,盲目发展普通高中,使普通教育与职业教育比例严重失调;把函授教育、职工教育、夜大学全部取消,扼杀了职工提高文化科学水平和知识更新的机会;在高等教育中撤销许多院校、科系与专业，使人才比例完全失调。结果给我国学制建设和教育事业发展造成了严重的破坏。

粉碎“四人帮”以后，特别是十一届三中全会以来，在党中央领导下，迅速结束了“文化大革命”造成的教育上的混乱局面，同时着手重建和发展被破坏了的学制系统。1985 年 5 月颁发了《中共中央关于教育体制改革的决定》，在“教育必须为社会主义建设服务，社会主义建设必须依靠教育”的总方针指导下，规定了我国基础教育的管理归地方和分类实行九年制义务教育，指明了我国中等教育结构多样化(多层次)和高等教育结构多层次多科类的方向，并将成人教育包括在学制系统中，将我国学校教育体系划分为基础教育、职业技术教育、高等教育和成人教育四个相互联系的部分，从而使我国的学制系统逐步向合理完善的方向发展，逐步建立起一个从幼儿教育到高等教育、从普通教育到职业技术教育、从全日制教育到业余教育的中国社会主义学制的新体系。

视野拓展

两种教育制度:半工半读的两次试验高潮①

所谓“两种教育制度，两种劳动制度”，正如它的首倡者刘少奇所说:“我们国家应该有两种主要的学校教育制度和工厂农村的劳动制度。一种是现在的全日制的学校教育制度和现在工厂里面、机关里面八小时工作的劳动制度。这是主要的。此外，是不是还可以采用一种制度，跟这种制度相并行，也成为主要制度之一，就是半工半读的学校教育制度和半工半读的劳动制度。”

半工半读教育的试验高潮有两次，分别在 1958 年和 1965 年的前后。

(二) 我国现行的学校系统

我国现行的学校系统已经形成了具有各种专业设置、不同办学形式的从幼儿教育、初等教育、中等教育到高等教育的不同层次结构。

1. 幼儿教育

幼儿教育主要包括幼儿园。招收 3～7 岁的幼儿，进行启蒙教育，使幼儿的身心在入小学前获得健全发展，为接受小学教育打好基础。

2. 初等教育

初等教育主要包括全日制小学。招收六七岁的儿童入学，修业年限为 5～6 年。小学的任务是给儿童以德、智、体、美、劳全面的基础性教育，为使他们进一步接受中等教育打下良好的基础。相当于小学教育制度的还有成人初等业余教育和初等特殊教育。

3. 中等教育

中等教育包括全日制普通中学、中等专业学校、职业技术中学、技工学校及其他业余中学。全日制中学的修业年限为 5～6 年、试行“三三”分段或“三二”分段，其任务是为国家培养劳动后备力量和为高一级学校培养合格的新生。中专、技校、农中、职中等学校主要招收

① 摘自《两种教育制度:半工半读的两次试验高潮》，中国教育报，2009-10-13(03).

初中毕业生，修业2～4年，为国家培养初、中级专门人才。

4. 高等教育

高等教育实行多种学制，包括全日制大学（专门学院）、高等专科学校和各种形式的业余、职业大学以及研究生院（部）。全日制大学修业年限为4～5年，专科学校修业年限为2～3年，研究生院（部）修业年限为2～4年。全日制高等院校既是教学中心，又是科研中心，是我国高等教育的骨干力量，其基本任务是为国家建设事业培养不同层次的各类高级专门人才。广播电视大学和各种形式的业余大学的学生，学完规定的课程，经考核达到与全日制大学同类专业毕业水平的，或者取得高等教育自学考试毕业证书的，国家承认其学历。

（三）积极稳步地实现九年制义务教育工作

根据1985年中共中央《关于教育体制改革的决定》提出的"有步骤地实行九年制义务教育"的重大战略决策，1986年4月2日，全国人大通过了《中华人民共和国义务教育法》（自同年7月1日起施行），它明确规定：本世纪末以前，我国将对全体适龄儿童和少年，实行强迫性的义务教育。义务教育是依据法律规定，适龄儿童和少年必须接受的，国家、社会、学校和家庭必须予以保证的国民教育。实行义务教育既是国家对人民的义务，又是家长对社会和国家的义务。这种义务表现在国家和社会要提供条件使每个适龄儿童和少年受到法律规定年限的教育，家长也要保证自己的子女接受这种教育，以保障适龄儿童接受义务教育的权利。

《中华人民共和国义务教育法》规定，我国实行义务教育的起始年龄为6周岁（条件不具备的可推迟到7岁入学），包括初等教育和初级中等教育两个阶段，与之相适应的主要教育形式是小学和初中。目前我国小学和初中的学制年限有"六三"制、"五四"制、"五三"制和九年一贯制等多种形式。它还规定：义务教育必须贯彻国家的教育方针；义务教育事业实行地方负责，分级管理；发展盲、聋、哑和弱智儿童的特殊教育；实施义务教育所需事业费和基本建设投资的筹措和保证；免收学费和义务教育师资的培养、地位的保障等。

义务教育是国民的基础教育，其实施情况是衡量一个国家、一个民族文化科学水平及文明程度的重要标识。实行义务教育，普及和提高国民基础教育，是现代化建设和社会发展的必要前提，是关系国家和民族未来的一项具有战略意义的重大举措。我们必须采取各项得力措施，制定规划，因地制宜，调动社会各方面的力量，充分发挥各级地方政府的积极性，多渠道筹措义务教育经费，加强师资队伍建设。在中央、政府的正确领导下，通过教育界和全社会的共同努力，到20世纪末，我国已基本实现了普及九年制义务教育的目标。随着社会的发展，许多经济文化发达地区已提出了普及高中阶段教育的目标，并逐步予以实施。

三、我国学制的改革与发展

（一）发达国家学制改革发展的主要趋势

1. 重视幼儿教育并加强与小学教育的衔接

过去幼儿教育发展不够，一般都没有被列入学校教育系统。近年来，由于对早期教育的重视和幼儿教育迅速走向普及，大多数国家强调幼儿教育是整个教育体系的第一环，为此，把幼儿教育列入学校系统。与此相联系，带来了幼儿教育阶段的两个变化。一是幼儿教育的结束期有提前趋势：7 岁的提前为 6 岁；6 岁的提前到 5 岁。二是幼儿教育和小学教育的联系在加强，甚至使幼儿教育的高班和小学的低年级结合起来。有的国家还提倡把幼儿园办在小学里，以便更好地进行早期教育。英国规定 5～7 岁、7～9 岁和 9～11 岁三个阶段，把幼儿教育和小学教育结合起来。

之所以出现这种趋势，一个重要原因是教育科学和心理科学研究认为，婴、幼儿期是人生发展的重要时期，人的发展水平在很大程度上取决于早期教育。美国心理学家布鲁姆研究提出，人的智力发展的一般方式是：与 17 岁达到的智力水平相比较，4 岁时就约占 50%，30%是在 4～8 岁时获得的，最后的 20%是在 8～17 岁时获得的。这在一定程度上说明，重视幼儿教育对人一生的发展都将会有很大的影响。这一科研成果引起了世界各国对早期教育的重视，推动了幼儿教育的普及和发展。

2. 逐渐延长义务教育年限

普及义务教育是工业革命对劳动力文化科学和职业技术素养要求的产物，随着科技革命推动工业革命的发展，普及义务教育的年限不断延长，强制性不断加强，实行的国家和地区不断增多。近百年来世界各国普及义务教育的发展规律表明：以蒸汽机为标识的第一次工业技术革命需要劳动者具有小学文化水平，义务教育普及到小学程度(6 年制)；以电气化为标识的第二次工业技术革命需要劳动者具有初中文化水平，义务教育就普及到初中程度(9 年制)；以核能、电子、航天技术为标识的第三次工业技术革命则需要劳动者具有高中以上文化水平，义务教育的普及就已经向高中程度发展。西方发达国家已经出现这一趋势，如美国、日本等国家。日本 1978 年的初中毕业生升入高中的比例已达 96%，实际上已经普及了 12 年制义务教育。

3. 普通教育与职业教育日趋接近

中等教育阶段的普通教育与职业教育之间关系的发展趋势是：普通教育职业化，职业教育普通化。所谓普通教育职业化，指的是在普通基础教育学校开设职业技术或劳动技术选修课。所谓职业教育普通化，指的是在职业技术教育学校中加强普通科学文化课的教学。可见，普通教育与职业教育在互相靠拢，日趋接近。今后将会出现和职业教育内容融合在一起的普通教育以及没有严格划分的职业教育，甚至可能将历史上分离的分支的普通教育和职业教育极为紧密地结合起来，直至两者融为一体。从整个世界的角度来看，普通教育与职业教育之间的彼此渗透、相互结合和日趋接近，并且逐步向二者统一的方向发展，将成为当前世界各国学校教育制度改革中十分重要的动态和趋势。

之所以出现这一趋势，既是现代社会对劳动力和各类人才综合素质与文化水平提高的需要，又是教育民主化——个体教育选择权扩大的要求，同时还是终身教育的必然。

4. 高等教育多样化、大众化

由于科学技术和经济发展对各类高级人才的需要，世界各国高等教育得到了迅速发展，其趋势主要表现在两个方面。一个方面是高等教育机构的多样化趋势。多样化又表现为多层次和多类型两个特点。多层次是指传统大学向下延伸为专科层次，向上延伸为硕士、博士两个层次。这一现象在美国体现为初级学院(社区学院)、大学、研究生院“三级体制”，在日本体现为大学、短期大学、专科、专修四种类型。多类型是指教育形式多样化，出现学历与非学历，全日制与业余制，培养与培训等多种教育组织形式。另一方面是高等教育向大众化方向发展。高等教育大众化主要是指享受高等教育的青年达到和超过同龄人的15%到50%的程度。这是一个教育发展概念，标识着社会发展和公民教育需求都达到了较高水平。也有学者将高等教育大众化理解为大学世俗化、“生活化”趋势，认为高等学校增设培养中级科学技术人员、管理人员的专业，担负在职人员知识更新的任务，改变传统大学强调学术，重视理论知识，只负责一次性培训，只造就高级专家的单一性等贴近生产活动和世俗生活的现象，就是高等教育大众化趋势。

5. 重视继续教育和终身教育

现代生产和现代科学技术的迅速发展所伴随的知识“爆炸”和知识“老化”，使得人们把青少年时期所接受的教育作为终生享用的时代已经成为过去。不论受过多高水平教育的人，都必须随时补充自己的知识，以便能和科学技术的发展同步前进，甚至还需要重新回到教育过程中来补充自己的知识，于是回归教育、成人教育、继续教育、终身教育就被提了出来，函授大学、广播电视大学、自修大学、夜大学、职工大学、开放大学等教育机构得到了广泛的发展。过去在学校系统中没有地位的成人教育不仅被纳入学校教育的制度之中，而且逐渐形成了与普通教育、高等教育相联系的完整的成人教育系统，构成了对过去青少年从小学到大学，从普通教育到职业教育的学校教育制度的补充，这是现代学校教育制度的一个重要的发展趋势。

（二）我国学制改革的基本原则

为了贯彻教育要面向现代化、面向世界、面向未来的战略思想，迎接新技术革命的挑战，提高全民族的科学文化水平，多出人才、出好人才，就必须总结我国学制发展的历史经验教训，借鉴和顺应当今世界各国学制发展的经验和趋势，从我国实际出发，改革和完善现行的学校教育制度。在学制改革中应遵循以下基本原则。

1. 教育结构必须适应经济结构和社会结构，以促进国民经济和社会的发展

教育要适应并促进社会发展，必须能够向社会各部门输送各级各类合格的人才。为此，改革学制首先要使教育内部各级各类学校结构有一个合理的比例关系，如高等教育和中等教育在招生人数、学校数量之间的比例，中等教育内部普通高中和职业技术学校之间的比例，等等。这个比例必须具有科学性。其次，要使教育同外部的比例关系协调，把整个学校系统纳入国民经济有计划按比例发展的轨道，使教育与生产力的发展、教育与政治经济的发展相适应，并做出科学的宏观预测。

2. 统一性和多样性相结合

我国的学制改革必须从我国的国情出发，因地制宜，坚持统一性和多样性相结合的原则。我国经济还比较落后，发展又很不平衡，技术结构也呈多层次，各地文化教育基础参差不齐，尤其是师资队伍的质量和学生入学起点差异悬殊，城市同农村、平原同山区、沿海地区及内陆地区同边远地区、汉族聚居地同少数民族聚居地之间，居民的生活习惯、劳动特点以及对文化的要求都存在着相当大的差异。我国的学制改革必须适应而不是脱离这个基本国情，建立起具有不同培养目标、不同办学形式、不同领导体制的多层次、多类型的学校教育系统。但是，为了保证各级各类学校教育的社会主义方向和教育质量，并逐步建立起具有中国特色的社会主义学校教育体系，又必须使各级各类学校有统一的教育目的、统一的管理体系和统一的发展规划，以建立完整、合理的学制体系，使各级学校间相互衔接、各类学校间相互配合，各级各类学校中有才能的学生都有进一步学习和提高的机会，各级各类学校教育都与国民经济的发展相适应，并有计划、按比例地发展。做到在同一性的指导下实现多样性，在多样性中体现统一性。

3. 普及与提高相结合

普及教育这是社会发展的总趋势，所有适龄儿童都有享受教育的机会和权利。提高包含两层意思。一是有部分学校主要担负提高的任务，培养高水平的专门人才，二是各级各类学校的质量和起点要不断提高。2010 年 6 月 21 日，中共中央总书记胡锦涛主持政治局会议，审议并通过《国家中长期教育改革和发展规划纲要(2010—2020 年)》。这是进入 21 世纪以来我国第一个教育规划纲要，是指导教育改革和发展的纲领性文件。《国家中长期教育改革和发展规划纲要(2010—2020 年)》指出要加快普及高中阶段教育，到 2020 年，普及高中阶段教育，全面满足初中毕业生接受高中阶段教育需求，全面提高普通高中学生综合素质。把职业教育放在更加突出的位置，把提高质量作为重点。全面提高高等教育质量。

总之，普及和提高是不可分割的两个方面，在学制改革中必须贯彻在普及的基础上提高，在提高的指导下普及的原则。

"互联网+教育"：冰火两重天[1]

一边是"互联网+教育"的"荒漠"，老师都还摸不着头脑，一边却是互联网的"天堂"，各式新鲜的教学方式正逐渐走进课堂。

面对这种冰火两重天的现实，首都师范大学副校长孟繁华表示，"互联网+教育"将改变教育，但是不会颠覆教育，更不会颠覆学校的现有体制。

互联网时代，奇迹每天都在发生。像"互联网+"这样听起来既专业又时髦的词汇，因为被写进政府工作报告，并从总理口中说出来，着实火了一把。

什么是"互联网+"，可以这样理解：互联网+传统集市，淘宝出现了；互联网+传统银行，支付宝出现了；互联网+传统交通，滴滴打车出现了……也就是说，"互联网+"是用互联网思维、技术对传统行业进行改造，改造的结果是新行业形态的出现。

面对火热的"互联网+"，教育当然不能缺位，那么"互联网+教育"，会出现什么样的结果？

一所学校、一位老师、一间教室，这是传统教育。

一张网、一个移动终端，几百万学生，学校任你挑、老师由你选，这就是"互联网+教育"。

微课、慕课、翻转课堂、手机课堂，这就是"互联网+教育"的结果。

4. 稳定性和灵活性相结合

教育的周期长，培养人才需要一定的连续性，同时，学制反映了一定社会历史阶段的政

① 摘自《"互联网+教育"：冰火两重天》，中国教育报，2015-5-4(05).

治、经济的客观需要和人的身心发展的客观规律。因此，学制一旦确定，就应有相对的稳定性。学制经常变动，将不利于人才的培养和学校教育事业的合理发展，进而影响国民经济的正常发展。但是，学制也不是一成不变的，应当具有一定的灵活性。随着各种客观要求的变化，学制也应随之做出相应的调整。我国地域大、人口多、地区间文化教育和经济的发展存在不平衡性，在制定和改革学制时，需要针对不同情况做出相应的调整和安排，从而建立一个相对稳定又具有一定灵活性的学制，以推动教育事业及整个社会的发展。

温故知新

广义的教育制度是指国民教育制度，是一个国家为实现其国民教育目的从组织系统上建立起来的一切教育设施和有关规章。首先，广义的教育制度包括一切教育设施；其次，广义的教育制度还包括有关规章制度。

狭义的教育制度是指学校教育制度，简称学制，是一个国家各级各类学校的总体系，具体规定各级学校的性质、任务、目的、要求、入学条件、学制年限及它们之间的相互关系。学校教育制度是国民教育制度的核心，是国民教育中最重要的组成部分，体现了一个国家国民教育制度的实质。

学制主要包括两个方面：一是学校教育设施，主要是各级各类学校，这些设施又称教育组织；二是学校规章制度。

学校教育制度制定的依据：一定社会政治经济制度的要求；社会生产力和科技发展水平；青少年的身心发展规律。

19 世纪末 20 世纪初西方发达资本主义国家基本形成了三种基本的现代学制：单轨制、双轨制和分支型学制。

1951 年由中央人民政府政务院颁布了《关于改革学制的决定》，它标识着我国社会主义学制的建立。

义务教育是依据法律规定，适龄儿童和少年必须接受的，国家、社会、学校和家庭必须予以保证的国民教育。

发达国家学制改革发展的主要趋势：重视幼儿教育并加强与小学教育的衔接；逐渐延长义务教育的年限；普通教育与职业教育日趋接近；高等教育多样化、大众化；重视继续教育和终身教育。

我国学制改革的基本原则：教育结构必须适应经济结构和社会结构，以促进国民经济和社会的发展；统一性和多样性相结合；普及与提高相结合；稳定性和灵活性相结合。

【本章练习】

1. 名词解释：教育制度。
2. 简述制约教育制度的社会因素。
3. 试评价我国现行的教育制度的特点。

第六章
教师与学生

【内容概要】

☆ 教师职业
☆ 教师个体的专业性发展
☆ 教师职业角色
☆ 教师权利与义务
☆ 学生
☆ 学生权利与义务
☆ 师生关系
☆ 良好师生关系的建构

第一节　教　师

问题引入

教师，是传递和传播人类文明的专职人员，是学校教育职能的主要实施者。教师职业是人类最古老的职业之一，并将与人类社会共存。教师的劳动，连接着人类的过去、现在和未来，关系着国家的前途和命运，牵动着千家万户的心，举足轻重。那么，教师职业究竟是什么样的呢？在现在社会，教师担负着怎样的责任？带着对这些问题的思考进入本节的学习。

一、教师劳动的特点

人类任何形式的劳动都有其自身特点。认识教师劳动的特点是认识教师的起点。归结起来，教师劳动主要具备以下几个特点。

（一）示范性

教育是培养人的活动。教育活动这一本质特点，决定了教师的劳动必然带有强烈的示范性。“师者，人之模范”，“学高为师，德高为范”，“师者，所以传道授业解惑也”等都表明了教师职业具有与其他劳动的一个最大不同点：教师工作具有的示范性。主要表现在，教师用自己的思想、学识和言行，通过示范的方式去直接影响劳动对象。

教师职业的示范性，也在于模仿是青少年学生的一个重要学习方式。中小学生无论是在知识、智力，还是在心理品质、思想道德等方面的发展，都处于不成熟时期，独立性和自学、自我教育的能力都有欠缺。学生在此阶段，对教师有一种特殊的信任和依恋的情感，他们的学习往往是通过对教师的模仿来进行的。

同时，教师劳动的示范性，几乎表现在教育活动的各个方面。在教学工作中，教师对学生提出要求，都要先做示范，以增强学生学习的直观性和规范性。如在实验操作、语文朗读、数学解题，以及在体育、音乐与美术学习中，教师的示范显得更加重要。此外，教师的思维方式、思维品质、思维结构、学习习惯等，无形中都对学生起着示范作用。

另外，教师的个性品质、道德风貌。文明习惯等都更加受到教师的示范性的影响。教师的言传身教，一言一行都对学生产生难以估量的影响。需要指出的是，教师的示范作用只是对学生的启发诱导，而非强加给学生的现成模式。教师应鼓励学生独立思考，培养学生的创造性和主体意识。

（二）创造性

多数劳动都有创造性，教师工作不仅对教师的创造性要求更高，而且也要求教师有自己的特点。教师劳动的创造性比较具有灵活性，这也是教师劳动的艺术性的重要表现。因为教师所要面对的对象是独立个体的人，受教育者是变化着且有差异的，学生的家庭背景、生活条件、身心素质、个体经验、先天禀赋等不同，使得受教育者非常复杂。世界上没有完全相同的两片树叶，更何况是有血有肉有感情的人。教育对象的这些特点则要求教师去创造性地运用教育规律，结合复杂多变的教育情景，去培养发展变化中的人。

教师劳动的创造性主要体现在因材施教上。教师在课堂授课中，其教学手段、方法、原则、内容的选择都要依据其面对的教育对象的身心特点，同时在授课过程中要讲究劳动的价值和艺术的统一，注重教学的创造性和灵活性，形成生动形象，机智幽默、受到学生的课堂效果。

心语感悟

教师必须有独创性。他对学生要成为理性和启蒙的真实的火炬，使学生得以揭穿自己的错误意见，而被引导到真理的道路上去。

——第斯多惠

（三）系统性

培养人是一个复杂的系统工程，每个教师都是参与这个工程的建设者。由于课程的分门别类和教师劳动的分工，需要教师相对地独立地和创造性地去工作，但是对学生的成长来说，是各位教师长期工作和相互协作的结果，学生的教育过程中需要调动各方面的人员、资源、场所等，所以教育是一项非常复杂和精细的工作，必须具有高度的系统性。教育的系统性决定了教师劳动的系统性，决定了教师劳动必须通力合作，相互合作，协调影响，才能对学生的成长和发展产生和谐的作用。

二、教师劳动的价值

教师的劳动不仅需要满足社会的发展，也要满足教师个人的生存、发展和自我实现的需要。因此，一般认为一种劳动满足非自我需要时称为社会价值，而满足劳动者自身需要时就称为个人价值。就教师劳动而言，则同时具备这两种劳动价值。

（一）社会价值

教师劳动的社会价值是指，教师在教育教学过程中通过所耗费劳动力培养了人才并满足了社会的需要，是对教师劳动的社会意义和价值的认定。它既是教师劳动价值的主要属性，又是体现教师社会地位和教师个人价值的主要标识。

心语感悟

捧着一颗心来，不带半根草去。

——陶行知

（二）个人价值

教师劳动的个人价值是作为客体的教师劳动对教师主体需要的肯定或否定的某种状态，是满足教师自身物质和精神需要的程度。虽然有人乐于把教师比作“蜡烛”和“人梯”，照亮了别人燃烧了自己，教师工作的社会价值确实需要值得敬佩，但教师劳动的个人价值同样需要得到合理的承认，许多教师正是在教书育人的岗位上实现了其人生的价值和理想，也赢得了社会和他人的尊重与信赖。尊重教师劳动的个人价值的体现既包括给予劳动所需要的生活费用，自身发展的教育费用等物质方面，又包括其所受到的社会尊重与爱戴等精神方面。

拓展阅读

培育教师职业的荣誉感①

今天是第三十个教师节。这是被人们比喻为“园丁”“蜡烛”“人梯”的广大教师们的节日，值得庆贺。笔者也在此借机向振木铎、传道义，舌耕天下的教师们，致以节日的敬礼，道一声：你们辛苦了！

尊师重教，是我们这个古老国度的传统习俗。古时候，许多家庭将“天地君亲师”牌位置于神龛，享受香火祭祀之礼。师之位置，不可谓不重。后来，移风易俗，撤了牌位，但教师在国人心中的地位，依然十分重要。再后来，社会发生巨变，老师及知识分子，突然被依循元朝统治者旧例，称为“臭老九”，成为仅次于乞丐的社会末流。知识及人才遭受到毁灭性的打击。国势国运衰微，不知伊于胡底。及至“文化大革命”结束，拨乱反正，教师职业的荣誉感得以恢复，职业自信得以重拾。到了当下，随着应试教育被追逐，几乎每个家长都望子成龙，对教育的重视，超乎过往。重点班、实验班、火箭班、尖子班等，应运而生。教师节受到重视，自在情理之中。

不过，随着时下经济的高速发展，许多人的价值观发生了变异。从过去对健全人格、良好修养、精神富有、专业技术的追求，演变成为对物质财富、权力资源、吃喝玩乐等的竞相追

① 摘自《培育教师职业的荣誉感》，乐山日报，2014-9-10(02).

逐，从而形成了急功近利、唯利是图、罔顾他人的功利思想。这种思想无疑对教育界也产生了极大的冲击。于是乎，在一些地方，教师节变成了送礼节。一些教师也在不知不觉中，丧失了自己的道义，随波逐流。

因此，过教师节具有双重意义：一方面是提醒整个社会对教师职业及人格的尊重，从而尽可能地改善教师待遇，提高教师地位，培养教师职业荣誉感，正视教师为社会做出的巨大贡献；另一方面是作为人类灵魂工程师和授业传道解惑角色的教师，在这个节日里三省吾身，对照检查自己的教育教学行为，是否有违师道尊严，是否有违职业操守，是否对学生具有耐心爱心，是否为教好学生而与时俱进地继续学习？

在全体国人尊师重教的时刻，教师的自省也不可少。因为，在教育行业，有大批的孩子们即将成才，即将担当起国家民族的未来，而这些孩子的健康成长，最需要教师的关爱及呵护。因此，教师节，是节日，也意味着责任。

三、教师的权利与义务

《中华人民共和国教师法》(以下简称《教师法》)中明确规定了教师的权利和义务，作为教师，必须充分了解这些权利和义务，才能自觉遵守并模范执行。需要指出的是，教师的权利和义务是相互对等的两个法律意义上的基本概念。作为教师个人，争取和维护自身权利与履行教师义务是同一过程的两个方面，而作为社会和他人，保障教师权利和要求教师义务也必须是一致的。

(一) 教师的权利

教师的权力，是指教师从事教育教学工作时所享有的法定权利，由国家予以保障，具有不可侵犯性。在《教师法》中第七条中，分别从“教育教学工作”“学术活动”“教管学生”“待遇”“参与民主管理”和“进修提高”等方面规定了教师可以享有下列权利：

(1) 进行教育教学活动，开展教育教学改革和实验。

(2) 从事科学研究、学术交流，参加专业的学术团体，在学术活动中充分发表意见。

(3) 指导学生的学习和发展，评定学生的品行和学业成绩。

(4) 按时获取工资报酬，享受国家规定的福利待遇以及寒暑假期的带薪休假。

(5) 对学校教育教学、管理工作和教育行政部门的工作提出意见和建议，通过教职工代表大会或者其他形式，参与学校的民主管理。

(6) 参加进修或者其他方式的培训。

(二) 教师的义务

教师的义务，是指教师从事教育教学活动时承担的法定义务。《教师法》中第八条也从“遵法守德”“守规履职”“育人”“爱生”“维护学生”和“发展提高”等方面规定了教师应当履行下列义务：

(1) 遵守宪法、法律和职业道德，为人师表。

(2) 贯彻国家的教育方针，遵守规章制度，执行学校的教学计划，履行教师聘约，完成教育教学工作任务。

(3) 对学生进行宪法所确定的基本原则的教育和爱国主义、民族团结的教育,法制教育以及思想品德、文化、科学技术教育,组织、带领学生开展有益的社会活动。

(4) 关心、爱护全体学生,尊重学生人格,促进学生在品德、智力、体质等方面全面发展。

(5) 制止有害于学生的行为或者其他侵犯学生合法权益的行为,批评和抵制有害于学生健康成长的现象。

(6) 不断提高思想政治觉悟和教育教学业务水平。

了解并掌握教师权利和义务的意义在于:一方面可以使教师明确所享有的法定权利及界限,更好地行使权利,自觉抵制各种侵害教师合法权益的现象;另一方面又可以使教师更加清晰地认识到其必须履行的法定义务,增强教育教学的自觉性和责任感。

四、教师个体的专业发展

教师的劳动是一件极其严肃的事情,也是一种专业性很强的充满创造性的劳动,这就要求教师对自己的教育活动必须持十分慎重的态度,教师劳动的严肃性、专业性对教师个体的专业素养及其发展水准提出了极高的要求。

(一) 高尚的师德

教师是一个塑造他人灵魂的职业,所以教师要自己先有高尚的灵魂。为此教师必须不断加强自身的道德修养。第一,教师的道德首先表现在对教育事业的忠诚上。第二,热爱教育事业必须体现在热爱学生上。第三,教师的道德还突出地表现在教师自身的道德修养上。

心语感悟

太阳底下再没有比教师这个职务更高尚的了。

——扬·阿姆斯·夸美纽斯

(二) 渊博的知识和多方面的才能

教师的主要任务是向学生传授科学文化知识,促进学生个性全面发展。所以,作为教师的一个基本条件之一,就是要有比较渊博的知识和多方面的才能。

第一,教师必须精通所教学科的基础知识,熟悉学科的基本结构和各部分知识之间的内在联系,了解学科的发展动向和最新研究成果。

第二,教师还应具备一定的科研能力。如能对某一学科的发展有所建树,当然更好。即便不能如此,也应有对他人成果进行分析、鉴别并提出个人见解的能力。此外,教师还应具备一定的创作和写作能力。

第三,教师要有比较广博的文化修养。因为各科知识都不是孤立的,且正在成长中的年轻一代,兴趣广泛,求知欲强。教师在面对学生时,他们提出的问题广泛,有时也具有一定深度,这就给教师提出了更高的要求。

(三) 掌握心理学、教育学知识,具有教育和教学的基本能力

教师所面对的是心理过程和心理现象极其复杂的学生,所以教师需要掌握心理学知识,要对自己的教育对象有一个理性的认识。其次,教育学是研究与解释教育规律的科学,是指导人类教育实践的科学认识。作为一名合格的教师,需要认识教育对象,掌握教育规律,所以,心理学、教育学知识是教师必备的基本素养之一。

五、教师专业发展的途径

教师专业发展的主要途径是通过教师教育的几个阶段进行的。首先要区别一下"师范教育"与"教师教育"的差别。前者是职前教育、一次性、终结性的教育,后者是教师的终身教育,是连续性、持续性的教育体系。通常教师专业发展的途径可以分为教师教育职前培养、入职指导和在职培训三个方面。

(一) 教师教育职前培养

一般来说,教师教育的职前培养由各级各类师范院校来承担,它们是整个教育事业的母机。教师的职前培养是教师个体专业发展的起点和基础。学生在拥有教师培养资质的师范院校接受专业的职前教育,并且在具有法定教师资格考试资质的机构接受正规机构的资格考试,获得教师资格证书,之后才具有教师任职的资格。具有一定的教育科学方面的素养,是教师能有效实施教学的前提的保证,也是教师之所以区别于其他职业的主要特征。正是由于此,世界一些发达国家,在师范院校中才把教育课程和教育实习置于突出地位。

(二) 入职指导

新教师的入职指导是帮助已接受职前教育课程的教师尽快适应教师职位。对于新教师来说,由师范生到正式任教是一个身份的转变,角色的转换,责任的变化,往往易于产生一种无所适从的感觉。他们会发现所预想的成功与教育教学实际情况之间存在着差距,感觉自己不能胜任或者尚未准备充分。他们需要支持、理解、鼓励、给予信心和辅导,也需要教学现场的支援和协助。

学校对新教师培训经常采取的措施是安排有经验的指导教师进行"传、帮、带",多数是由导师进行现场指导,并与之分享经验。入职指导对教师的影响主要体现在教学方法、教材处理、敬业态度、教学研究等方面。

(三) 在职培训

成为正式教师之后,要不断接受继续教育。教师在任职期间需要接受继续教育,扩大和提高他们的专业知识和专业技能。现代社会是一个学习型社会、需要人们终身学习的社会,人们走上工作岗位之后还要继续接受学习,其教学内容、教学方法、教学手段都在不停地变化,需要教师接受新思想、新观念、新技术的培训才能配合教育改革,适应时代的需要。在我国,教师的在职培训主要有以下几种方式。

1. 学分累进制进修

由地方教育主管部门规划,地方教育学院或者教师进修学校进行的强制性进修,是教师

业务考核、评定上岗的主要依据。

2. 研究生课程进修

由地方教育主管部门规划,选择所辖地区的骨干教师或者校长参加的提高性进修。由师范大学研究生院提供研究生课程。

3. 教育硕士、博士学位课程进修

自 1996 年 4 月国务院学位办批准设置了在职中小学教师教育硕士课程之后,十多年来,很多教师已经取得了教育硕士学位。目前,已经有了教育博士学位课程,修满必需的学分并通过博士学位论文答辩还可以授予教育博士学位。

4. 重点骨干培训进修

由地方教育主管部门策划,作为教师队伍建设的工程。如“名教师名校长工程”来抓的进修项目。

5. 校际交流网络

由校长们自发发起,联络一批校长、研究人员,依托师范大学定期集会,沟通信息,交流经验,交换心得,开展学校与学校之间的交流。

6. 校本进修

在任教学校根据工作需要结合实际进行的以改善学校和教学时间为目的的教研活动方式。

当然,教师还可以通过参加业务研讨会、经验交流会、学术年会,到外地或国外进行考察学习等活动来对自己的观念进行短期培训,以达到不断更新、唤醒的效果。

六、教师职业角色

(一) 教师职业角色的含义

教师职业角色,是指作为职业人的教师在学校这一社会共同体中被赋予的身份及其所发挥的功能。教师职业角色表现为教书育人的一整套行为方式,并受其社会地位和社会期望所制约。这就决定了教师角色必然随社会进步而发展变化,不同的社会历史时期,教师的身份、行为方式以及所发挥的功能是不一样的。

(二) 传统的教师角色

传统的教师角色是在长期的教育发展历史中形成的,主要受专制集权的社会政治体制和宗教、科学主义等思想的制约和影响,是以教师为中心,知识为中心,儿童控制论为基本理念。

西方教师被看作是“神父”和“专家”,是“学生行为的塑造者”,是“知识的传授者”。在我国,“师者,所以传道授业解惑也。”这句古言,流传千年。对传统教师角色的规定为:教师是人类文化的传递者,知识传授者,学生灵魂的塑造者。

(三) 现代的教师角色

这里的“现代”相对于“传统”而言,如果将“传统”延伸至“当代”,这里的“现代”更多指向未来,实际上探讨的是理想的教师角色。教师角色既代表教师个体在社会群体中的地位与身份,又包含着社会所期望于教师个人表现的行为模式,它既包括社会、他人对教师的行为期待,又包括教师对自己应有行为的认识。要成为一名胜任的教师,就必须正确地理解教师角色。

国外针对教师角色的研究,比较普遍和自觉。学者开始从"以学生为中心"的视角去研究教师职业角色,取得了比较有价值的成果。在我国,现代教师角色无疑是以教师的教与学生的学之间的关系为核心来认定的。从这个角度加以梳理,现代教师具有知识的传授者、学习者、学生的引导者、课程的研制者、教学的组织者、团队的领导者、教育的研究者和文化的创造者等八大角色。

(1) 知识传授者

教课和课程实际上是"知识的传递和传播"为核心和基础的,教育和课程都在坚持"知识的传授和学习"的,教师的首要角色必然是"知识的传授者"。

(2) 学习者

在现代信息化社会中,每个人都要坚持学习,同时终身学习的教育理念也决定了教师的教育贯穿于一生。当今教师作为学习的参与者,已经是发展的趋势,已经成为教育和课程的一个新的研究课题。

(3) 学生的引导者

教师通过与学生的交往,在立足学生身心发展规律的基础上,逐步地将教学与人生指导相结合,包括引导学生的知识学习,引导学生道德品质发展,引导学生身心健康发展以及引导学生的人生道路。

(4) 课程的研制者

课程改革赋予了教师课程研制的权利和义务,要求教师从以往的被动执行者角色转变为主动参与者角色,作为课程的研制者,教师在课程的研制过程中都发挥着设计、实施和评价的作用。

(5) 教学的组织者

教师的教学组织者角色,是指教师对教学的计划、设计、组织和实施的专门行为模式,实际上就是通过媒体设计、环境设计和活动设计来组织实施教学活动,从而使得课程内容顺利地转化为学生的学习经验。现在,教师不再是纯粹的"知识传授者",而是需要建构"学习经验"和"从内容到经验转化"的教学组织观念,让教师充分发挥教学设计与开发的组织作用。

(6) 团队的领导者

现在的教育更注重民主管理,无论是学校管理还是班级管理,教师都应发挥着很大的作用。尤其是在班级管理中,教师起着很大的表率作用。教师应成为班级的真正带头人,将学生团结在一起,鼓励他们奋发向上,实现自己的目标。

(7) 教育的研究者

在教育和课程改革的背景中,学校教师面对的是一个发展变化的世界,存在着许多未知领域,这就要求教师要注重研究,去发现和解决那些前人未研究的领域。通常教师在进行研究时大多有三个途径:通过系统的自学,通过研究其他教师的经验,在教师教学活动中应用和检验已有的理论。

(8) 文化的创造者

教育是文化变迁的动因之一,教育是一个文化创造的过程。那么,在教育的过程中,教师是主角,扮演着文化创造者的角色。教师作为文化创造者,主要表现为培养学生的创造性,帮助他们挖掘、建构和享用生命的意义和价值,从而能够幸福生活。

认识教师角色并扮演好教师角色是高素质的教师应该履行的义务,也是教师维护自身权利的基本能力,更是教师完成自己所承担的工作必备的素养。

第二节　学　生

问题引入

教育活动中的另外一个主题是学生。学生是教育存在之本。有效的教育建立在对学生的科学认知基础上。那么学生的特征是什么?学生所拥有的权利和承担的义务是什么呢?带着对这些问题的思考进入本节的学习。

一、学生的本质属性

1. 学生的独特性

苏霍姆林斯基说:"每个孩子都是一个世界……完全特殊独一无二的世界。"学生有自己独立的人格和精神世界,他们的生活阶段并非是成人的预备阶段,他们有着与成人相异的价值观念和行为方式。卢梭说:"儿童有他特有的看法、想法和感情,如果想用我们的看法、想法和感情去代替他们的看法、想法和感情,那简直是最愚蠢的事情。"

学生的独特性,需要教师从学生个体的兴趣、爱好、言行,甚至是那些被认为是"错误"的时间中去发现、剖析和挖掘学生表现出的潜在优势,然后采取多种措施去激发它、发挥它、强化它。只要教育方法得当,每个学生的身心发展水平都能得到较大幅度的提高。尊重生命的独特性的教育可以避免做"最愚蠢的事",尊重生命独特性的教师可以让每个学生都能获得成功的机会,体验到生命成长的快乐。

2. 学生的生成性

学生阶段正处于人生最关键的"未完成期",可塑性极大。可塑性不仅表现在身体上,还表现在心理上,不仅表现在速度上,还表现在广度和深度上。这说明,学生正处于发展中的人,都是具有某方面的潜在特长或能力,而"发展过程总是一个比较简单的结果向一个更复杂的结构过度,而这样的一个过程是按照没有止境的后退过程进行的。"因此他们迫切需要接受人类社会的熏陶和教育,使其在未来的发展中跟上社会的进步。

学生的生成性要求,教师掌握学生的身心发展规律,熟悉不同阶段学生身心发展的特点,并依据学生的身心发展规律和特点开展教育教学活动,同时相信学生的巨大发展潜能,坚信每个学生都是可以积极成长的,是可以获得成功的。教师要为学生创设一个有助于其生命充分成长的情境，将学生的生命潜能激发出来，使学习过程成为学生生命成长的历程。

3. 学生的自主性

生命的意义在于其自主性。人天生具有认识外部世界、求知于外部世界的本性。乐于追求、探寻、创造，并在此过程中展现自己生命的力量。学习的主体是学生，教育的终极目的也在于学生，因此学生在学习中的自主性是显而易见的，无论学生年龄大小、能力强弱，都具有强烈的学习自主欲望，教师应积极地引导、开发学生学习的自主意识，促进学生的自主成长。

如果教师将自己的意志强加给学生，就会无形之中挫伤学生的主动性、积极性，扼杀学生的学习兴趣，窒息学生的思想。因此，具有现代生命意识的教师，应当担负起发现、尊重和解放学生的重任，还学生一个真实的自我，让学生在探索世界、探索自我的过程中增强自主性，在不断超越自我过程中体验到生命的力量与意义。

4. 学生的整体性

学生不是单纯的抽象的学习者，而是丰富的有个性的完整的人。作为完整的人而存在的学生，不仅具备全部智慧力量和人格力量，而且也体验着完整的教育生活。人的发展具有整体性的需要，不仅在学习知识，发展能力的需要，也具有强烈的认知欲望和要求，有情感、有信念、有意志。在教育教学过程中，不能只注重培养学生的认知能力，那就弱化了对人的认识，忽略了教育的意义。

因此，注重人的全面发展的教学不仅是让学生对知识进行一般性的认知、积累和加工，而是通过体验与反省使知识进入个人的内心世界，与学生的生活境遇和人生经验融化为一体，塑造学生健康的人格。

二、学生的权利与义务

自新中国成立以来，国家先后制定和颁布的法律，如《中华人民共和国宪法》《中华人民共和国教育法》《中华人民共和国教师法》《中华人民共和国未成年人保护法》等都对学生享有的权利进行了规定。可见，学生的权利是法律规定的，受到国家和法律的确认和保护。学校和教师应保证学生在校期间享有各项合法权利，任何侵犯学生权利的做法都是违法行为。

（一）学生的权利

《中华人民共和国教育法》第四十二条对学生享有的权利做了如下规定。

(1) 参加教育教学计划安排的各种活动，使用教育教学设备、图书资料。该权利可简称为“参加教育教学活动权”。

学生参加学校的各种教育教学活动是学生完成各项学习任务的保障，教育教学活动只有在师生的互动下，才能取得相应的成效。学校的各种设备、设施和图书资料是为学生而设立和投入的，学生是这些物资设备、设施的主人。他们有权了解和使用这些物资设备，以保证在学习的过程中，完成学习的任务和要求。

(2) 按照国家有关规定获得奖学金、贷学金、助学金。该权利可简称为“获得学金权”。这“三金”是为了保障学生享有受教育权而设立的，奖学金是鼓励学业优秀的学生，贷学金、助学金是让贫困家庭学生获得均等的教育机会，以保证他们完成相应的学业。

(3) 在学业成绩和品行上获得公正评价,完成规定的学业后获得相应的学业证书、学位证书。该权利可简称为“获得公正评价权”。它包括两个方面。一是在校学习期间学生有获得公正的学业评价和品行评价的权利。教师对学生的评价应是认真负责、公平合理、实事求是的。如果学生认为教师的评价失实,有权通过正当途径加以纠正。二是学生在完成规定的学业任务后,有权获得相应的学业证书、学位证书。

(4) 对学校给予的处分不服向有关部门提出申诉,对学校、教师侵犯其人身权、财产权等合法权益,提出申诉或者依法提起诉讼。该权利可简称为“申诉或诉讼权”。学生的合法权益受到侵犯时,有权通过申诉或诉讼保护自己,它是公民申诉权或诉讼权在学生身上的体现。学校在学生违纪、违规进行处理时,难免会失当和失实,学生对所受处分持有异议时,有权向有关部门提出申诉。

(5) 法律法规规定的其他权利。学生作为公民,同样享有宪法、民法所赋予的一切权利,同时还享有《中华人民共和国未成年人保护法》《中华人民共和国妇女权益保护法》等赋予的权利。需要指出的是,学生在享有权利的同时,还应当履行相应的义务,学生的权利与义务是统一的。

(二) 学生的义务

《中华人民共和国教育法》第四十三条指出受教育者应当履行以下义务。

(1) 尊重法律、法规。作为学生,他首先是社会成员,因而同所有公民一样,必须履行遵守国家法律、法规的义务。同时,作为受教育者,还必须履行遵守教育法律、法规的义务。

(2) 遵守学生行为规范,尊敬师长,养成良好的思想品德和行为习惯。遵守教育部颁发的《小学生日常行为规范》《中学生日常行为规范》《高等学校学生行为准则》。这三部规章制度,集中体现了国家对学生在政治、思想、品德等方面的基本要求。为此,学生应积极努力,自觉提高自身素质,养成良好的政治素质、道德品质、行为品质和心理素质。

(3) 努力学习,完成规定的学习任务。这是学生的特定义务。作为学生,要完成学校规定的学习任务,要充分发挥学习的主动性和积极性,刻苦学习,牢固掌握所学知识,成为社会主义现代化建设的有用人才。

心语感悟

业精于勤荒于嬉,行成于思毁于随。

——韩愈

(4) 遵守所在学校或者其他教育机构的管理制度。这条义务是第一条义务的具体表现和延伸。学校或其他教育机构依照法律法规设立的管理制度,是建立正常的、规范的教育秩序所不可缺少的措施,学生有义务遵守学校的一切规章制度,成为自觉遵守学校规章制度的好学生。

第三节 师生关系

问题引入

在教育教学实践活动中，教师和学生的关系直接影响着活动的效果。师生关系有哪些特点？如何建立良好的师生关系？带着对这些问题的思考进入本节的学习。

一、师生关系的特点与类型

（一）师生关系的特点

传统的师生关系具有鲜明的单向性、等级性和秩序性，即以教师为支配方，教师具有权威，师生关系严格按照规则进行，谁也不能逾越已经形成的规范。当今的师生关系与传统的师生关系有很大的不同，具有以下鲜明的特点。

(1) 互动性，即师生关系是在交互的活动中形成的。

(2) 平等性，即强调教师与学生之间的人格、话语权等的平等。

(3) 复杂性，即师生关系不是单纯的教与学的关系，而是由"教学关系、心理关系、个人关系和伦理关系等不同层级的关系组成的动态系统。"

(4) 多元性，即允许师生关系有多种形式，不再拘泥于一种标准规范。

(5) 生成性，即师生之间并不是朝着一个已经规定好的、固定的目标发展，而是在交往中逐渐生成彼此认可的关系类型。

（二）师生关系的类型

中小学师生之间的关系是复杂多样的，从其表现形式上，可以分为以下几种类型，如表6-1[①]所示。

表 6-1 师生关系的类型

	师生相互态度	师生感情关系	师生课堂合作状态	效 果
对立型	教师简单、粗暴，学生畏惧而服从	学生情绪不愉快，师生关系疏远、紧张、对立	教师不允许学生有不同意见，往往以教师的主张、决定为准；学生主动性、积极性受到压抑，独立思维受阻	师生交往呈明显单向型，易发生冲突，教学效果极差

① 全国十二所重点师范大学联合编写. 教育学基础[M]. 北京：教育科学出版社，2002，133-141.

续表

	师生相互态度	师生感情关系	师生课堂合作状态	效　果
依赖型	教师以领导者自居，学生采取服从态度	师生之间感情平衡，无冲突	教师包揽一切活动，学生跟着教师的计划走，明显缺乏学习的主动性、创造性	从知识的掌握看，有一定的教学效果，但学生独立思考、独立解决问题的能力差
自由放任型	教师对学生没有严格要求，放松指导责任；学生对学习采取自由态度	课堂气氛平淡	教师让学生自主学习，学生各行其是；教师能够解答学生的问题，但不能给予及时正确的指导，不认真检查学习结果	教学效果明显下降
民主型	教师对学生严格要求，热情、和蔼、公正，尊重学生，发扬教学民主精神；学生尊敬教师，接受指导，主动自觉进行学习	情绪热烈、和谐，课堂气氛活跃	师生之间呈现积极的双向交流，学生积极思考、提出问题、各抒己见，教师认真引导	教学效果良好

从表中可以看出，对立型、依赖型和自由放任型师生关系都不是理想的师生关系，我们要倡导和构建的良好师生关系应该是民主型的师生关系。

二、良好师生关系的建立

（一）良好师生关系的标准

师生关系是一种特殊的社会关系和人际关系，良好的师生关系是教育活动取得成功的关键。师生之间的关系包括教与学的关系、组织管理关系、心理关系等，尤其是师生情感交往中的非正式关系、对教育任务的完成有重要作用。

良好师生关系具有尊师爱生、民主平等、教学相长等基本特点，展开来说，具体如下：

(1) 师生相互尊重，坦诚相待，彼此合作，顺利开展教育活动；

(2) 师生相互关心，教师欣赏学生，学生理解教师；

(3) 教师和学生之间是平等的关系，任何一方对另一方都不是依赖关系，保持个体的独立性；

(4) 师生都有彼此成长的空间，形成自己的独特个性与创造性，而且在师生交往中还能互相学习，促进彼此的发展。

（二）良好师生关系的建立

师生关系受到多种因素的影响，就教育内部而言，建立良好的师生关系要靠双方共同努力。教师在师生关系建设与发展中占有重要地位，起着主导作用。所以，要建设民主、和谐、充满活力的师生关系，对教师而言要做到以下几点。

1. 了解和研究学生

教师要与学生有共同语言，使教育影响深入学生的内心世界，就必须了解和研究学生。了解和研究学生包括了解学生的个体意识、道德品质、兴趣、需要、知识水平等。

2. 树立正确的学生观

学生观就是教师对学生的基本看法，它影响着教师对学生的认识态度与行为，进而影响学生的发展。正确的学生观主要包括：学生都有巨大的发展潜力；学生的不成熟具有成长价值；学生具有主体性，特别是创造性；学生是责权主体，有正当的权利和利益；学生是一个整体的人，是知、情、意、行的统一体。正确的学生观来自教师对学生的观察和了解，来自教师对学生的学习的反思以及自我反思。

3. 热爱、尊重学生，公平对待学生

教师要对学生充满爱心，经常走到学生之中，忌讳挖苦、讽刺、粗暴对待学生。尊重学生要从尊重学生的人格开始，保护学生的自尊心，维护学生的合法权益，避免师生对立。教师处理问题必须公正无私，使学生心悦诚服。

4. 主动与学生沟通，善于与学生交往

在师生交往初期，往往出现不和谐因素，如因为不了解而不敢交往或因误解而造成冲突等，这就要求教师掌握沟通与交往的主动权，经常与学生保持接触、交流。

5. 努力提高自我修养，健全人格

教师的素质是影响师生关系的核心因素，教师的师德修养、知识能力、教育态度、个性、心理品质无不对学生发生深刻的影响。教师要保证师生关系的和谐，就必须通过自己崇高的理想、科学的世界观、人生观、渊博的知识、严谨的治学态度等引导学生，从而建立健康和谐的师生关系。

心语感悟

教师得先肯负责，才能谈到循循善诱，师生合作。教师不负责，有的因为对教学本无兴趣，当教师只是暂局。这种人只有严加淘汰一法。

——叶圣陶

（三）影响师生关系建立的因素

影响师生关系的因素既有主观的方面，又有客观的方面，既有教育内部的因素，又有教育外部的因素，既有直接的原因，又有间接的原因。归纳起来主要有以下几个方面。

1. 教师方面

1）教师对学生的态度

学生受教师的评价影响很大。教师对学生的评价往往通过语言暗示、表情等反映。教师偏爱优生、忽视中间学生，厌恶“差生”，就会使学生与教师产生不同的距离。罗森塔尔等人(1968)的实验不仅证明了教师态度与学生成绩的关系,而且证明了教师态度对师生关系直接的影响。

2) 教师领导方式

教师领导方式有专制型、民主型、放任型三种。大量事实表明,在民主型领导方式下,师生关系民主、平等、融洽,而在专制型领导方式下,师生关系对立。

3) 教师的智慧

教师的智慧不仅表现在学识上,而且表现在教师的创造性上。学识渊博是学生亲近老师的重要因素之一。

4) 教师的人格因素

教师的性格、气质、兴趣等是影响师生关系的重要原因。那种性格开朗、气质优雅、兴趣广泛的教师最受学生欢迎。

2. 学生方面

学生受师生关系影响的主要因素是学生对教师的认识。许多调查表明:与教师关系好就喜欢上这个老师的课,主动亲近老师;自认为教师瞧不起自己,就会主动疏远老师。

3. 环境方面

影响师生关系的环境主要是学校的人际关系环境和课堂的组织环境。学校领导与老师的关系、教师与教师的关系、教师与家长的关系必然影响师生关系。课堂的组织环境主要包括教室的布置、座位的排列、学生的人数等。我国中小学课桌的排放多呈“秧田式”,教师讲台置于块状空间的正前方,这种格局阻碍了师生之间的交往及生生之间的交往。有的地方尝试取消讲台,以拉近师生关系。目前,许多国家都在探讨圆桌式、马蹄式、半圆式、蜂巢式等便于交往和交流的座位排列方式。

温故知新

教师是传递和传播人类文明的专职人员,是学校教育职能的主要实施者。教师劳动具有示范性、创造性、系统性等特点。教师劳动具有社会价值和个人价值双重属性。

教师具有教育教学权、科研活动权、指导学生权、获取报酬权、民主管理权、进修培训权。教师的义务包括遵守宪法和法律、遵守国家教育方针和学校规章制度、指导关心学生、保护学生权益、提高思想与教育教学水平。教师的专业素养包括高尚的师德,渊博的知识和多方面的才能,具有心理学、教育学知识,具有教育和教学的基本能力。

学生的本质属性包括独特性、自主性、生成性、整体性。只有认识到学生的本质属性,才会对学生有更加深刻的了解,对指导学生学习,建设良好的师生关系有重要意义。

学生的权利包括参加教学活动、获取奖补助金、获取公正评价、对处分提出申诉权、法律法规规定的其他权利。学生需要遵守的义务包括遵守法律法规、尊敬师长、完成学习任务、遵守所在学校或机构的管理制度。

师生关系的特点表现为互动性、平等性、复杂性、多元性、生成性。师生关系类型有对立型、自由放任型、依赖型、民主型。教师、学生、环境等是影响师生关系的因素。良好的师生关系表现为尊师爱生、民主平等、教学相长。建立良好师生关系,要了解和研究学生,树立正确的学生观,热爱、尊重学生,公平对待学生,主动与学生沟通,善于与学生交往,努力提高自我修养,健全人格。

【本章练习】

1. 有人认为,学校当然是“校长”说话才算数。请结合教师的权利和义务谈谈你的看法。

2. 试述现代教师职业的专业化条件。

3. 简述学生的权利与义务。

4. 建立良好的师生关系的途径有哪些?

第七章 课程

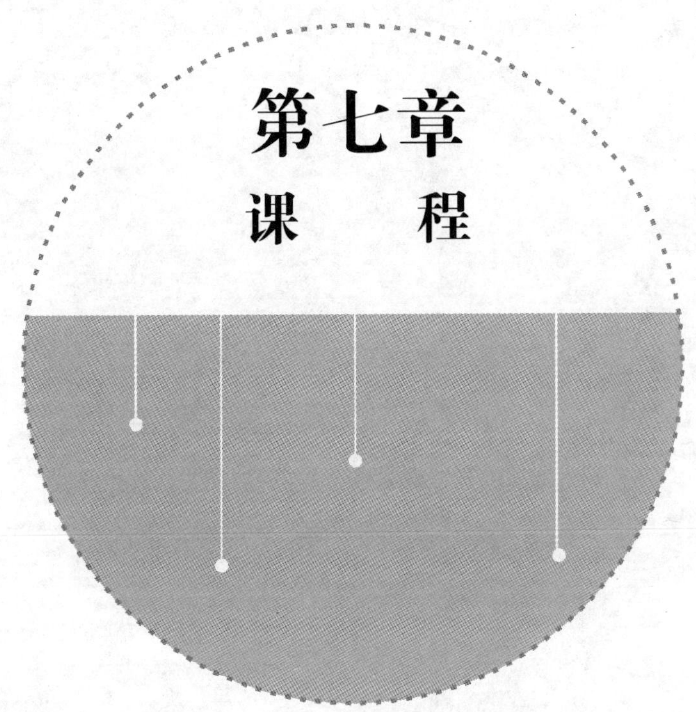

【内容概要】

☆ 课程的概念
☆ 不同课程流派的基本观点
☆ 课程开发的主要影响因素
☆ 基本的课程类型及其特征
☆ 课程目标、课程内容、课程评价等含义和相关理论
☆ 我国当前基础教育改革的理念、改革目标及其基本的实施状况

第一节　课程概述

问题引入

什么是课程？课程有哪些分类？课程是规定以什么样的教学内容来培养新一代的问题。课程体现着国家对学校教学的具体要求，关系到学生的知识结构、智力结构和个性结构。学校课程的具体设置必须要有一定的理论依据。这些依据究竟有哪些呢？本节将带着大家学习这些内容。

一、课程的概念

在教育领域中，课程是含义最复杂的概念之一。每一种课程定义实际上是定义者所特有的课程观念的反映，都隐含着特定的课程价值观和意识形态，因此，它们都有各自的针对性和局限性。

在西方，“课程”一词的英语是 curriculum，来源于拉丁文 racecourse，意思是“跑马道”，指赛马场上的跑道。但用在教育上，是学校的课程。意思是学校学生所应学习的学科总和及其进程和安排。

在我国，“课程”一词，简单地说是指课业及其进程而言。我国宋代教育家朱熹说过：“宽著期限，紧著课程。”其中“课程”一词就包含有学习的范围和进程的意思。

视野拓展

中国最早的“课程”

“课程”一词最早出现在我国唐宋时期。唐代孔颖达在《五经正义》里注释《诗经·小雅》时就用过“教护课程，必君子监之，乃得依法制”一句。宋代朱熹在《朱子全书·论学》里多次用到“课程”一词，例如，“小立课程，大做功夫”等。

华中师范大学廖哲勋教授认为,“课程是在一定学校的培养目标指引下,由具体的育人目标、学习内容及学习活动方式组成的,具有多层组织结构和育人计划性能、育人信息载体性能的,用以指导学校教育、教学活动的育人方案,是学校教育活动的一个组成部分。”①另有学者认为,“课程是由一定的育人目标、特定的知识经验和预期的学习活动方式构成的一种动态的教育存在。从育人的角度来看,课程是一种培养人的蓝图;从课程内容的角度来看,课程是一种适合学生身心发展规律的、连接学生直接经验和间接经验的、引导学生个性发展的知识体系及其获取的路径。”②

外国学者欧利佛(1978)认为课程是指在学校由于教师的作为,而使学童所遭遇到的一切,包括学校所承负的责任,授予儿童的一切经验,是学校为达成目标而采取的规划方案。卫尔斯与波恩底(1993)从演化观出发认为课程是:学习的进程或是为获致成果而实施的教育训练或教育、成果或经验、学校有计划的学习内容、重视目的或成果。

我国学者一般认为,课程有广义和狭义之分,广义是指为了实现学校培养目标而规定的所有学科(即教学科目)的总和,或是指学生在教师指导下各种活动的总和。如中学课程,小学课程。狭义是指某一门学科,如数学课程,历史课程等。③

心语感悟

宽著期限,紧著课程。

——朱熹

二、课程的本质

所谓课程,是指在教育发展阶段中,伴随着社会发展特定阶段知识体系与价值体系产生的综合载体。课程是历史发展的产物,它的内容、实施、管理及评价等,既受课程决策者主体需要的影响,又有坚实的客观基础,具有不同于其他的本质属性。课程的本质主要表现在以下几个方面。

第一,课程是国家对未来人才要求的意志体现;第二,课程是科技文化发展和人类经验的结晶;第三,课程是社会国民素质进步的反映;第四,课程是学生在自我定位基础上的自主选择。

三、课程理论及其流派

(一)学科中心课程理论

学科中心课程理论,又称知识中心课程理论,是课程发展历史中最古老、影响范围最广的课程理论。学科中心课程理论是以学科的基本结构为中心来编订学校课程的理论,它以

① 廖哲勋,田慧生.课程新论[M].北京:教育科学出版社,2003,43.

② 王道俊,郭文安.教育学[M].北京:人民教育出版社,2009,131.

③ 王道俊,王汉澜.教育学[M].北京:人民教育出版社,1989,154.

结构主义哲学和心理学为基础。具体而言，是指根据学校培养目标和科学发展，分门别类地从各门科学中选择适合学生年龄特征与发展水平的知识所组成的教学科目，也称分科课程。其代表人物是美国心理学家布鲁纳。

中国最早的学科课程

我国古代最早的学科课程是"六艺"，即"礼、乐、射、御、书、数"。六艺教育起源于夏代，商代又有发展，西周在继承商代六艺教育的基础上，使它更为发展和充实。其中，礼的内容极广，凡政治、伦理、道德、礼仪皆为其包括，乐教包括诗歌、音乐、舞蹈。射，是指射箭的技术训练。御，指驾驭马拉战车的技术训练。"书"指的是文字读写，"数"指的是算法。

学科中心课程理论的思想主要表现在以下几个方面。

第一，在课程设计上反对以现实功用为标准，而侧重以人类所积累的文化知识中最具有学术性的理论知识为标准。

第二，特别重视学科知识的逻辑顺序和结构，包括组织结构、实质结构、句法结构。布鲁纳认为课程内容应由这些结构因素为中心，学术掌握这些结构因素有利于辨明知识的内在意义，有利于知识的记忆、理解和迁移。

第三，主张根据学生的当前智力发展的特点来安排学科的基本结构，使任何学科都能按照某种正确的方式交给任何年龄阶段的儿童。学生应采用发现法来学习课程。

第四，强调学科专家在课程设计中的主导地位。

学科中心课程理论注重学科知识的逻辑体系与学生心理发展的顺序、阶段相统一。历史上，孔子、亚里士多德、扬·阿姆斯·夸美纽斯、约翰·弗里德里希·赫尔巴特、斯宾塞等人均持学科课程论观点。在 20 世纪 30 年代，要素主义在批判进步主义理论的过程中，提出要素主义的课程主张，认为人类文化中有一类共同不变的要素，即基本知识、基本技能和态度，强调以学科为中心、学习的系统性。学科的地位，要求严格按照逻辑系统编写教材。

（二）活动中心课程理论

活动中心课程理论，也称儿童中心课程论。该理论主张以学生兴趣、爱好、动机、需要、能力和态度等为基础来编订课程的理论。它认为学生对课程的直接兴趣是成功学习的关键因素，课程的核心不是学科内容，而是学生认知和情感的发展，课程内容应随着教学过程中学生的变化而变化。活动中心理论的代表人物有杜威等。

约翰·杜威认为，儿童的兴趣和经验是组织课程的出发点，课程应以儿童的活动为中心，而不是以学科、教材为中心，要求以儿童的活动代替分科课程的教学，以儿童活动的直接经验而不是学科知识的间接经验作为课程内容。

从做中学

在批判传统学校教育的基础上，杜威提出了"从做中学"这个基本原则。由于人们最初的知识和最牢固保持的知识，是关于怎样做的知识。因此，教学过程应该就是“做”的过程。在他看来，如果儿童没有“做”的机会，那必然会阻碍儿童的自然发展。儿童生来就有一种要做事和要工作的愿望，对活动具有强烈的兴趣，对此要给予特别的重视。

约翰·杜威认为，“从做中学”也就是“从活动中学”、从经验中学入，它使得学校里知识的获得与生活过程中的活动联系了起来。由于儿童能从那些真正有教育意义和有兴趣的活动中进行学习，那就有助于儿童的生长和发展。在杜威看来，这也许标识着对儿童一生有益的一个转折点。但是，儿童所“做”的或参加的工作活动并不同于职业教育。杜威指出，贯彻“从做中学”的原则，会使学校所施加于它的成员的影响更加生动、更加持久并含有更多的文化意义。

（三）社会中心课程理论

社会中心课程理论，又称为社会改造主义课程理论，它是从进步主义教育运动中分化出来的。它是一种围绕重大社会问题来组织课程内容的理论，其代表人物有美国学者布拉梅尔德和巴西学者弗莱雷。社会中心课程理论既有古代理论的形态，又有现代理论的形态。

社会中心课程理论在批判活动中心课程理论夸大了学生个人的自由的基础上，主张把课程的重点放在现实社会问题、社会改造和社会活动计划及学生关心的社会问题上，认为课程的编制不应该仅从学生掌握知识、智力和人格发展出发，而应该从社会改造的要求出发，使课程在统一的社会整体内完整地联系起来。此外，它还主张以解决实际的社会问题的逻辑主线来组织课程，使课程与社会生活联系起来，增强学生适应社会生活的能力，课程应由教育者按社会的需要来决定，而不是由学生自己决定。

心语感悟

教育即生活，学校即社会。

——约翰·杜威

四、课程的类型

课程的类型，是指课程设计的不同种类或方式，是由不同的课程设计思想产生的。不同的课程类型有着不同的课程价值观，并由此产生了相应的课程类型。不同的课程类型有着不同的教育理论指导思想，必然会对学生的发展产生不同的影响。在课程理论研究与实践过程中，根据不同的划分标准，比较典型的课程类型有以下四种：分科课程、综合课程、活动课程；必修课程、选修课程；国家课程、地方课程、校本课程；显性课程、隐性课程等。

（一）根据课程性质进行分类：分科课程、综合课程、活动课程

1. 分科课程

分科课程，是指从不同门类的学科中选取知识，按照知识的逻辑体系，以分科教学的形式向学生传授知识的课程。分科课程与学科课程基本上是一致的，分科课程强调的是课程内容的组织形式，而学科课程强调的是课程内容的固有的属性。分科课程有助于学生掌握

系统的科学文化知识，教师易于组织教学和进行评价活动，有利于学生学习和巩固基础知识。

分科课程在当今教育领域地位相当，而且越分越细，门类越来越多。同时，分科课程在实践的过程中，不仅增加了学生学习的负担，而且容易将本来有着密切联系的学科割裂开来，使学生不能从整体上去把握知识。分科课程的知识传授方式，容易忽视学生的主动性和积极性，造成学生的厌学情绪，形成被动学习的状态，在一定程度上限制了学生的创造意识、创造精神和创造能力的培养，造成学生"只见树木不见森林"的思维模式。因此，近代教育中的综合课程受到了越来越多的关注。

2. 综合课程

综合课程，是指有意识地运用两种或两种以上学科的知识观和方法论去考察和探究一个中心或问题，旨在打破学科界限，将若干不同的科目整合为范围较广的新科目。比较典型的综合课程如美国的STS课程（科学、技术、社会）。当今课程理论研究和课程变革的趋势显示出综合课程引起了人们极大的关注和研究兴趣，因此，形成了一种课程综合化的课程理念。

研究者们认为，文化或者学科知识之间是不可能完全割裂的，而是相互作用，彼此关联的、学生的发展与社会生活也是息息相关的，过分强调分科课程，可能导致脱离实际。此外，学生的心理发展也具有整体性，需要综合性的课程，来满足他们探究、发现与综合的能力。

综合课程具有综合性、开放性、探究性、现实性的特点。强调打破学科间的界限，体现学科间的相互作用和彼此关联。同时，综合课程强调在活动中以学生为主，解放学生的手脚，鼓励探索，强调学生与社会之间的沟通和联系，鼓励学生主动参与实践，培养学生解决现实问题的意识与能力。

心语感悟

现代教育的重点在于指导活动和采用活动型的教学程序。这种学习类型比正规课堂的学习类型更合理，这主要是因为由活动而学习比正规课堂情境下的学习更有意义，而且更易于迁移到新情境中去。

——[美]J. M. 索里

3. 活动课程

活动课程，是指以儿童的主体性活动的经验为中心组织的课程，也叫做生活课程、经验课程、儿童中心课程。活动课程主张以儿童从事某种活动的兴趣和动机为中心，并通过儿童的亲身体验来获得直接经验的课程。代表人物有杜威。

活动课程的思想可追溯到法国思想家、教育家卢梭的"自然教育思想"，他主张教育应使儿童从社会的束缚与压抑下解放出来，回归人的自然状态，倡导自然教育。卢梭认为教育必须要适应儿童自然发展的过程，教育的作用不是告诉学生某个真理，而在于教他怎样去发现真理，主张让儿童回归大自然，使儿童通过观察事物、锻炼、劳动来发现和学习。

杜威是活动课程的代表人物，他认为传统的学科分得过细，同实际生活的距离较远，更忽视了儿童的兴趣和需要。主张"教育即生活""教育即社会""教育即生长""儿童中心""做中学”分科课程，强调通过游戏、活动作业、手工等获得与社会相适应的经验。教师作为学习的参谋与顾问。

活动课程的主要观点有三点：课程设置应以儿童的活动为中心，而不是以学科为中心；应以儿童的直接经验作为教材内容；教材编写应当心理化，应当把各门学科的教材或知识恢复到原来的经验，通过教学把它变成儿童的直接经验。活动课程的特点可概括为：①经验性，注意通过经验的获得与重构来学习；②主体性，尊重学生的主动精神并以此作为教学的出发点与目标；③综合性，打破传统的学科框架；④乡土性，可以结合不同地区的特点选择与开展活动。

（二）根据课程实施的要求进行分类：必修课程、选修课程

根据课程计划中对课程实施的要求不同，可以将课程分为必修课程、选修课程。

必修课程，是指某一教育机构规定学生必须学习的课程种类。在我国基础教育领域，主要是指同一年级的所有学生都必修的公共课程，是为保证所有学生的基本学历而开发的课程。必修课程还可分为国家规定的必修课程、地方规定的必修课程和学校规定的必修课程等。必修课程的主导价值在于培养和发展学生的共性，根本特征是强制性，它是社会或机构权威在课程中的体现，具有多个方面的功能。

选修课程，是指学生可以根据自己的需要和兴趣决定是否学习的课程。它是考虑到学生的兴趣和个性差异而设计的，具有选择性、多样性。选修课程有利于培养学生的兴趣特长，促进人才的成长。

（三）根据课程管理进行分类：国家课程、地方课程、校本课程

1. 国家课程

国家课程，是指由中央教育行政机构编制和审订的课程，其管理权属于中央教育行政机关，通常是在全国范围内统一设置的课程，属于一级课程。它侧重于学生发展的基本要求与共同素质，强调课程内容的一致性、共同性和发展性，在实施上具有强制性。

2. 地方课程

地方课程，是指由省、市等各级地方教育行政机构和教育科研机构编订的课程，属于二级课程。它是一种为突显地方文化与地方特色，满足地方发展需要而设置的课程，具有区域性、本土性的特点，一般在区域范围内开设。

3. 校本课程

校本课程，是指在实施国家课程与地方课程的前提下，学校根据自己的教育理念，在对学生的需求进行系统评估的基础上，充分利用社区和学校的课程资源而开发的多样的、供学生选择的课程，也称学校课程。

（四）根据课程存在状态进行分类：显性课程、隐性课程

显性课程，是指学校教育中有目的、有计划、有组织地实施的正式课程，通常指学校有计划列入课程表内的所有课程，是以教学计划中所明确规定的各门学科为内容的课程。显性课程一般有固定的教材、明确的课程目标、规定的课程内容，能够进行测量和评价。这类课

程主要是通过知识的传递进行的，学生所获得的知识主要是学术性的。学校的课程主要是以显性课程的方式来体现的。

隐性课程，是指学生在学习环境中潜移默化地受到的非预期或非计划的影响。同时，它具有影响方式的无意识性、空间的广泛性、内容的全面性和表达的隐蔽性等特点。隐性课程是与显性课程相对应的范畴，它通常包括教材、教学活动、班级氛围、人际关系、社会环境、校园文化、家庭中的文化价值、习惯、态度、礼仪、信仰等。隐性课程与显性课程一样对人具有全面教育的作用，而对人的情、意方面的影响尤为突出，它具有陶冶功能、美育功能、益智功能和健体功能。隐性课程的特点有以下几点：①影响具有弥漫性、普遍性和持久性；②影响既可以是积极的，又可以是消极的；③影响是学术性和非学术性的统一；④潜在课程对学生的影响是有意识性与无意识性的辩证统一；⑤是非预期性与可预期性的统一；⑥存在于学校、家庭与社会教育中。这些特点要求在隐性课程的实施中，要优化学校的整体育人环境，要特别重视学习的过程，通过隐性课程的实施，塑造与完善学生的人格结构。

五、影响课程开发的主要因素

课程是静态的，而课程开发是动态的，课程是通过课程开发而形成的。课程开发，是指通过社会和学习者需求分析，确定课程目标，再根据课程目标选择某一学科的教学内容和相关教学活动进行计划、组织、实施、评价和修订，最终达到课程目标的整个工作过程。

课程开发的主体包括国家、地方和学校等，所开发的课程根据管理体制而定，在我国不同主体开发的往往是不同层面的课程。如国家开发的是国家课程，地方开发的是地方课程，学校开发的是校本课程。课程开发包括宏观、中观和微观层面。宏观主要是课程方案和设置的问题。中观主要是课程标准、教材的问题。微观主要是实施层面的问题。具体来说，影响课程开发的主要因素是社会、知识、儿童三大方面。

第一，社会、政治、经济等对课程的影响。经济的发展影响着学校课程的门类，生产力发展使社会分工日益增多，所需知识更加细化，课程门类也越来越多。占统治地位的阶级意识决定着课程的管理和课程的方向，特别是政治等课程，由统治阶级的意识形态所决定。此外，社会政治经济等对课程的影响还体现在社会对人才的需要上，不同时期的人才素质要求在课程内容上有所差异。

第二，文化与科学技术的进步、学科知识影响着课程开发。由于各国的文化不同，对课程内容的具体规定也具有差异性，体现各国的特色。如东方各民族的教育注重培养个人对社会的义务感，而欧美等国家则突出个人的自由发展。

第三，学生对课程开发的影响。学生的发展需要制约课程开发的方向，课程开发要尽可能满足儿童多样化的需要，促进儿童个性的发展。同时，课程的门类、编排方式等设计与开发，要考虑受教育者的身心发展水平，教材的编写要体现学科的逻辑顺序和学生的心理发展顺序的统一。

此外，课程理论的发展对课程选择也有影响。一定历史条件下产生的课程理论对课程的定制起着理论的指导作用，它是影响课程自身发展中一个重要的内在因素。对课程设计产生较大影响的课程理论有学科课程论、活动课程论、结构课程论、综合课程论等。

第二节　课程的设计和组织

问题引入

上节中我们已经学习了课程的定义，课程的理论流派和课程的分类有哪些，那么，学校的课程的设计和组织是什么呢？课程目标是什么？带着对这些问题的思考，我们将进行本节的学习。

对于课程的掌握，我们首先应了解课程目标。在课程目标的指引下，我们才能更好地掌握课程的文本构成，使课程在实施过程中能够达到目标要求，并且做出有效的评价。

一、课程目标

课程目标，是指课程本身要实现的具体目标和意图。它规定了某一教育阶段的学生通过课程学习以后，在发展品德、智力、体力等方面期望实现的程度。课程目标是确定课程内容、教学目标和教学方法的基础。

课程目标是指导整个课程编制过程最为关键的准则。确定课程目标必须首先明确课程与教学目的和培养目标的关系，以便确保这些要求在课程中得到体现。其次要在对学生的特点、社会的需求、学科的发展等各方面进行深入研究的基础上，才有可能确定行之有效的课程目标。

二、课程的文本构成

课程的文本构成通常包括课程计划、课程标准、教科书。各构成要素之间既相互独立又相互依存，应协调与配合各构成要素。

（一）课程计划

课程计划是根据一定的教育目标、学校培养目标、各学科科目的性质和作用，由教育行政部门或学校制定的关于学校教学和教育工作的一种规范性文件。课程计划是课程标准和教学材料研制开发的主要依据。

（二）课程标准

课程标准是各学科的纲领性指导文件，发挥着教学工作的“组织者”作用，可以确保不同的教师有效地、目标一致地、连贯地开展教学工作。编写课程标准是开发课程的重要步骤。课程标准的结构包括：前言、课程目标、内容标准、实施建议、术语解释。

(三) 教科书

教科书又称课本或教材,它是依据课程标准编制、系统反映学科内容的教学用书。教科书使课程标准具体化,它不同于一般的书籍,教科书通常按学年或学期分册、划分单元或章节。教科书的编辑要妥善处理思想性与科学性、观点与材料、理论与实际、知识和技能的广度与深度、基础知识与当代科学新成就的关系。教科书的编排形式要有利于学生的学习,内容阐述要层次分明,文字表述要简练、准确、生动、篇幅要详略得当。需要指出的是,教科书与教材是两个既有联系又有区别的概念。一般意义上来讲,教材涵盖教科书,还包括使用教科书时所用到的相关辅助材料,如练习册、教学参考书等。

文字和教材的产生

文字产生的具体时间,目前尚难以准确判断,但经考古学家证实,最初采用文字的实践约在公元前4000年,古埃及的图画文字,中国的象形文字,古巴比伦的楔形文字,克里特人的线体文字,最终形成西方的拼音文字体系和东方的表意文字体系。

三、课程实施

(一) 课程实施概述

1. 课程实施的含义

20世纪70年代以前的课程研究中,课程实施是一个薄弱环节,几乎没有专门的研究成果。真正引起人们对课程实施的关注是源于发生在20世纪50年代至60年代末的“学科结构运动”。这场运动是失败的,它使人们认为“只要课程计划完善就可以自然地在实施过程中达到预期结果”的假设受到普遍质疑。同时,也促使课程理论研究者们开始热衷对课程实施过程的探讨。

所谓课程实施,是指将被采用的课程计划付诸实践的过程,即推行计划的过程。美国著名的课程理论专家古德莱德把课程分为五个不同层次:一是观念层次的课程,这一层次往往是一些学者、专家从理论角度来思考的,还没有形成一种确定的文件被采用;二是社会层次的课程,是由教育行政部门所采用并推行的正式课程;三是学校层次的课程,这一层次的课程是基于社会层次的课程,是由学校组织起来的课程,它具有一定的灵活性和差异性;四是教学层次的课程,是指教师对以上课程理解的过程与结果,以及教师具体推行与实践的课程;五是体验层次的课程,是被学生实际内化与个性化了的课程。古德莱德认为这是所有课程中最重要的课程。

2. 课程实施与教学

坚持“大课程论”的学者,趋向于课程实施就是教学。也有学者认为,“教学过程是对课程计划的实施过程”,认为凡是依照教育部颁布的课程标准进行的教学就是正常化的教学。这实质上是将课程实施过程与教学过程等同视之,但更多的观点认为二者既存在联系,又有区别。

首先,教学与课程是内在统一的,课程实施内在地包含着教学,教学是课程实施的主要途径。随着研究的深入,人们越来越认识到,二元对立是将完整的教育或过程人为地割裂开来,不利于人的完整的教育活动的设计与展开。

其次,在某种程度上,我们可以把课程实施看成是通过人的思想、行为的变化而实现的教学改革。

虽然如此,但是课程实施不可能与教学画等号,彼此都有不可包容的范畴,有来自不同方向的规定。

(二) 影响课程实施的因素

课程实施是一项课程变革的最关键的环节,它决定着课程变革的成败。为此,探讨影响课程实施的因素,可以提高课程实施的质量。根据辛德尔等人综合近来有关课程实施的主要研究成果,把影响实施的因素归纳为以下四类。

1. 革新方案的特征

富兰曾指出,要成功地实施一项变革,首先要求该变革方案满足以下条件:这项变革是必需的;方案的建议是清晰的;变革的规模和复杂性适中,并且方案具有实用性。

2. 校区层面的因素

所谓校区层面的因素是指采用课程计划的学校所在的区域特征对课程实施的影响,富兰等人总结出了六个方面的因素,即校区的革新史、采用过程、管理部门的支持、教师发展与参与、时间与信息系统、社区及委员会的特征。

3. 采用单位的特征

课程实施的采用单位一般是学校。在学校这一层面,富兰等人认为应包括三个方面的因素,即校长的角色、组织氛围、人员因素。校长的主要角色是组织管理者、教学领导者、人际关系的促进者、冲突调解者、变革代理人等。组织氛围是指在学校这个环境中所形成的人与人之间的关系,对于课程实施来说,尤为重要的是教师与教师之间的关系。

4. 环境特征

环境特征在这里是指学校系统之外的环境的特殊性,富兰等人认为应包括两个方面,即政府机构和外部协助。当地政府能充分认识到课程改革对当地政治、经济和文化等的发展的重要意义,能从政策上给予课程改革最大的支持是课程实施得以开展和深入的保障。同时,课程方案的调整与课程实施也应充分考虑当地社会的发展需求。而且,学校是社区的学校,社区历史文化是学校课程实施的良好的背景和条件。

四、课程评价

人的活动是具有目的性的。评价是人们对活动的反思,是对活动的过程的有效性以及活动的必要性做出考察和鉴别过程,同时也为进一步完善方案提供了有力的依据。

(一) 课程评价的含义

课程评价的含义有很多种,泰勒认为:“评价过程实质上是一个确定课程与教学计划实际达到的教育目标的程度的过程。”美国的克隆巴哈认为：“广义的评价就是收集信息和应用信息来做出有关课程的决策。”美国的罗纳德·杜尔认为：“课程评价是一种广泛而持久的努力，以便探究按照明确的目标所使用的教学内容和教学过程的效果。”

这些不同的定义，有的侧重目标实现程度，有的侧重课程计划，从动态的课程考虑，但都还存在不足。我国学者认为，课程评价是指以一定的方法、途径对课程的计划、活动以及结果等有关问题的价值或特点做出判断的过程。

（二）课程评价的基本方法和类型

1. 课程评价的基本方法

课程评价的基本方法大致可分为两种：量化评价方法与质性评价方法。

量化评价方法，是指尽量把复杂的教育现象简化为数量，进而从数量的分析与比较中推断某一评价对象的成效。量化评价在现代教育评价中的应用是很广泛的，如对基础性的知识点，利用考试进行量化评价能够很好地保证评价的覆盖面和深入程度，准确地反映出学生对基础知识的掌握情况，进行因材施教。

质性评价方法，是指尽量通过自然的调查，全面充分地揭示和描述评价对象的各种特质。质性研究是对量化研究的一种反思批判和革新。

2. 课程评价的主要类型

依据不同的标准可以对课程评价进行不同的分类。常见的分类有以下几种。

1）依据评价作用和特征的不同，可分为形成性评价与总结性评价

形成性评价，是指为改进课程计划或为正在进行的课程或教学活动提供反馈信息而从事的评价，属于过程评价。总结性评价，是指在课程实施或进行以后关于其效果的评价，是一种事后评价，与分等鉴定、做出关于学习者个体的决策等相联系。

2）依据评价与预定目标的关系，可分为目标本位评价和目标游离评价

目标本位评价，是指以课程目标为基础进行评价。这种评价主要是为了探明课程目标在课程实施中的实现程度。它往往通过学生学习效果及行为改变而观察与测量而获得，但它过分强调目标，往往忽略课程实施的过程的生产性意义，压抑教学的自主性，是一种狭隘的评价观。目标游离评价正是针对目标本位评价的缺陷而提出的一种评价类型，它要求脱离预定目标，重视课程与教学的所有结果，包括非预期结果，尽可能全面客观地展示这些结果，具有客观性，拓展了课程评价的视野。

3）依据评价人员身份不同，可以分为内部人员评价与外部人员评价

内部人员评价，是指由课程开发、设计的单位或个人来实施的评价。其主要目的在于改进课程开发、设计的过程，首要任务是弄清预先设定的目标是否已经实现。外部人员评价，是指由未参与课程开发设计与实施的单位或个人实施的评价。外部人员评价主要有两种方式：通过测试等手段评价课程的产品、由外部人员对课程过程进行观察。

（三）课程评价的发展趋势

随着课程理念的演变和课程实践的发展，课程评价也日益走出传统的课程评价范式，而出现新的发展趋势和特点。

第一，在价值取向方面，从目标取向转变为过程取向和主体取向。目标取向的评价就是课程实施的结果与预设的课程目标做对照，把课程目标作为评价的唯一标准，追求评价的客观性和科学化。过程取向的评价强调把教师与学生从课程开发到实施以及教学运行过程的全部情况都纳入评价的范围，强调评价者与具体评价情境的交互作用，主张凡是具有教育价值的结果，不论是否符合预定目标，都应该受到评价的肯定与支持。主体取向的评价把课程评价视为评价者与被评价者、教师与学生共同建构意义的过程。随着人们在课程领域对"解放兴趣"的追求，课程评价也逐步从目标取向的评价过渡到过程取向的评价，最终向主体取向的评价模式发展。

第二，在评价功能方面，从侧重甄别到侧重发展。传统的评价是为了甄别和筛选出少数学习优秀的学生，使他们能接受更好的教育。而当前逐步开始倡导的发展性评价是把评价视为课程的有机组成部分，是作为促进学生发展的有效手段。通过发现学生的差异性和发展可能性，改进实施策略，从而更有效地促进学生的发展。伴随评价功能的这种转变，评价方式和评价指标趋向多元化和开放性。

第三节　我国基础教育课程改革

问题引入

我国基础教育改革已经进行了很久，但是，我们了解基础课程改革的历史背景吗？它的理念又是什么？实施状况如何？课程改革的发展趋势是什么？带着对这些问题的思考进入本节的学习。

一、基础教育课程改革的基本理念

（一）我国课程改革的历史背景

新中国成立以后到90年代末，我国基础教育领域先后进行了七次课程改革。1999年6月，国务院召开了新中国成立以来的第三次全国教育工作会议，批转了教育部《面向21世纪教育振兴行动计划》，提出了改革现行基础教育课程体系，新一轮基础教育课程改革由此开始启动。2001年6月，教育部印发了《基础教育课程改革纲要（试行）》，标识着我国基础教育第八次课程改革开始在全国范围内有步骤地全面进行。

我国基础教育课程改革的背景主要有四点：①知识经济、信息社会的发展需要培养新型素质人才；②大力推进素质教育；③适应日益变化的国际形势；④遵循课程改革与发展的规律。

（二）我国当前基础课程改革的理念

这次新课程改革的核心理念是为了每位学生的发展。此理念体现了课程改革的价值追求,也是体现社会与个体结合的发展观,避免了单纯的社会本位论和个体本位论的偏颇。

我国当前基础课程改革的理念可以概括为六个观念。

第一,三维目标观,即教学的目标是知识与技能、过程与方法、情感态度与价值观三维目标。其中,知识与技能是基础,过程与方法、情感态度与价值观的培养更为重要。目标观体现了素质教育的要求,体现了科技发达背景下人的全面发展的重要性。

第二,综合课程观,即课程的设置更加综合,以体现整体性、开放性、动态性,培养学生综合的视角和能力,以适应科学技术既分化又综合的现实。

第三,内容联系观,即课程内容的教学,要与社会生活相联系,与学生的生活相联系,与学生已有的经验相联系,加强教学内容的"生活化"。

第四,学习方式观,即强调要自主学习、合作学习、探究学习等学习方式,以促进学生学习方式的转变,培养学生的自主性、合作性、创造性,使学生适应知识经济、信息社会发展的需要。

第五,发展评价观,即重视学生的过程性评价,并通过评价发挥促进学习的作用,而主要不是检查验收的作用,在过程性评价中,要注重思维,方法和态度等方面的评价,而不仅仅是对知识掌握的评价。

第六,校本发展观,即从学校的实际情况出发,从学生实际情况出发,开发校本课程,增加学生的选择性,促进学校、教师、学生的特色发展。

二、基础教育课程改革的目标

(一) 基础教育课程改革的指导思想

《基础教育课程改革纲要(试行)》指出:基础教育课程改革要以教育要面向现代化,面向世界,面向未来和"三个代表"的重要思想为指导,全面贯彻党的指导方针,全面推进素质教育。我国基础教育课程改革是基础教育适应21世纪人类新的生存背景,优化人才培养模式的必然选择。教育要面向现代化,面向世界,面向未来,实质是要面向人的发展,确立以人为本的科学发展观。

(二) 基础教育课程改革的总目标

《基础教育课程改革纲要(试行)》提出了新课程的培养目标。

新课程的培养目标:应体现时代要求,要使学生具有爱国主义和集体主义精神,热爱社会主义,继承和发扬中华民族的优秀传统和革命传统;具有社会主义民主法制意识,遵守国家法律和社会公德;逐步形成正确的世界观、人生观和价值观;具有社会责任感,努力为人民服务;具有初步的创新精神、实践能力、科学和人文素养以及环境意识;能终生学习的基础知识、基本技能和方法;具有健壮的体魄和良好的心理素质,养成健康的审美情趣和生活方式,成为有理想、有道德、有文化、有纪律的一代新人。

(三) 基础教育课程改革的具体目标

新一轮基础教育课程改革的具体目标有以下几点。

第一,改变课程过于注重知识传授的倾向,强调形成积极主动的学习态度,使在获得基础知识和基本技能的同时也培养学会学习的能力，并形成正确的价值观。

第二，改变课程结构过于强调学科本位，科目过多和缺乏整合的现状，整体设置九年一贯的课程门类和课时比例，体现课程结构的均衡性、综合性和选择性。

第三，改变课程内容“难、繁、偏、旧”和过于注重书本知识的现状，加强课程内容与学生生活以及现代社会和科技发展的联系，关注学生的学习兴趣和经验，精选终身学习必备的基础知识和技能。

第四，改变课程实施过程过于强调接受学习、机械训练、死记硬背的现状，提倡学生主动参与、乐于探究、勤于动手，培养学生收集处理信息的能力、获取新知识的能力、分析和解决问题的能力以及交流与合作的能力。

第五，改变课程评价过分强调甄别与选拔的功能，发挥评价促进学生的发展、教师提高和改进教学实践的功能。

第六，改变课程管理过于集中的状况，实行国家、地方、学校三级课程管理，增强课程对地方、学校及学生的适应性。

以上包括转变课程功能、优化课程结构、更新课程内容、转变学习方式、改革考试评价、深化课程管理体系改革，从根本上来说，是基础教育人才培养模式的系统变革，既是基础教育课程改革的基本目标，又是课程改革的核心内容。

心语感悟

教学要合一，有三个理由。第一，先生的责任不在教，而在教学，而在教学生学。第二，教的法子必须根据学的法子。第三，先生不但要拿他教的法子和学生学的法子联络，并须和他自己的学问联络起来。

——陶行知

三、基础教育课程改革的实施状况

当前，我国新一轮课程改革是新中国第八次课程改革，正式启动于 2001 年，2001 年 5 月《国务院关于基础教育改革与发展的决定》中明确提出“加快构建符合素质教育要求的基础教育课程体系”的任务，教育部在 2001 年 6 月颁布了《基础教育课程改革纲要(试行)》，2001 年 9 月在全国 38 个国家级实验区进行实验，开始了课程改革的行动。2003 年 3 月教育部发布《普通高中课程方案(实验)》，从 2004 年起进入高中课程的实验。目前，全国均已实施义务教育阶段和普通高中阶段课程改革，并已积累一定的经验，取得一些成效。在课程标准、师生观、教师角色、教学行为和教学评价等方面均进行了转变。

(一) 基础教育课程改革的课程标准

课程标准是国家课程的纲领性文件，是国家对基础教育课程的基本规范和要求，是教材编写、教学、评估和考试命题的依据，是国家管理和评价课程的基础，它体现国家对不同阶段的学生在知识与技能、过程与方法、情感态度与价值观等方面的基本要求，规定各门课程的性质、目标、内容框架，提出教学和评价建议。

新课程标准的基本框架包括五部分：前言部分、课程目标部分、内容标准部分、实施建议部分、附录部分。

新课程标准有以下几个特点：

第一，努力将素质教育的理念切实体现在课程标准的各个方面；

第二，突破学科中心，打破单纯强调学科自身的系统性、逻辑性的局限；

第三，改善学习方式，加强过程性、体验性目标；

第四，体现评价促进学生发展的教育功能，评价建议有更强的操作性。

（二）基础教育课程改革中的教师观与学生观的变革

1. 教学观

1）全面发展的教学观

全面发展的教学观主要体现在两个方面：其一，结论与过程的统一；其二，认知与情感的统一。其中，结论与过程的关系反映的是学科内部知识、技能与过程、方法的关系。过程体现学科的探究过程与探究方法，结论表征学科的探究结果，二者相互作用、相互依存。此外，学习过程是以人的整体心理活动为基础的认知活动和情感活动相统一的过程。认知因素和情感因素在学习过程中是同时发生的、相互作用的。

2）交往与互动的教学观

教学是教师的教与学生的学相统一的结果，这种统一的实质是交往。现代教学论指出，教学过程是师生交往、积极互动、共同发展的过程。没有交往、没有互动，就没有教学。师生交往的本质属性是主体性，交往论承认教师与学生都是教学过程的主体，都是具有独立人格价值的人，两者在人格上完全平等。

心语感悟

教育者应当深刻了解正在成长的人的心灵。

——苏霍姆林斯基

2. 学生观

基础课程教育改革的学生观有以下几种观点：第一，学生是发展的人，学生的身心发展是有规律的，同时具有巨大的发展潜力；第二，学生是独特的人，学生与成人之间存在着巨大的差异；第三，学生是具有独立意义并具有能动性的人，每个学生都是独立的，因此必须尊重学生的个体意识与尊严，每个学生都是具有能动性的，因此，必须倡导学生主体，让每个学生主动得到发展。

（三）基础教育课程改革倡导的学习方式

《基础教育课程改革纲要（试行）》中明确指出："改变课程实施过于强调接受学习、死记硬背、机械训练的现状，倡导学生主动参与、乐于探究、勤于动手，培养学生收集和处理信息的能力、获取新知识的能力、分析和解决问题的能力以及交流与合作的能力。"目前，新的学习方式包括研究性学习、合作学习、自主学习等。

研究性学习、合作学习、自主学习各自强调的侧重点不同。探究性学习强调以问题为依托，以探究、发现的方式来习得知识和技能，它与接受学习是相对的；合作学习强调以学习小组为依托，以群体的分工、协作为特征来进行学习，它与独立学习相对；自主学习强调个体独立、主动、自我负责地学习，强调学习的自我定向、自我监控、自我调节和自我评价，与被动学习是相对的。

心语感悟

我们必须会变成小孩子，才配做小孩子的先生。

——陶行知

（四）基础教育课程改革中教师角色的转变和教学行为的转变

1. 基础教育课程改革中教师角色的转变

（1）从教师与学生的关系来看，新课程要求教师应该是学生学习的促进者。

（2）从教学与研究的关系来看，新课程要求教师应该是教育教学的研究生。

（3）从教学与课程的关系来看，新课程要求教师应该是课程的建设者和开发者。

（4）从学校与社区的关系来看，新课程要求教师应该是社区型的开放的教师。

2. 基础教育课程改革中教学行为的转变

基础教育课程改革中教学行为的转变主要体现在以下几个方面：第一，在对待学生上，新课程强调尊重和赞赏；第二，在对待教学上，新课程强调帮助和引导；第三，在对待自我上，新课程强调反思；第四，在对待其他教育者上，新课程强调合作。

心语感悟

如果谁希望自己的儿子尊重他和他的命令，他自己便应十分尊重他的儿子。

——洛克

（五）基础教育课程改革的课程评价

《基础教育课程改革纲要（试行）》中明确指出："改变课程评价过分强调甄别与选拔的功能，发挥评价促进学生发展、教师提高和改进教学实践的功能。建立促进学生全面发展的体系，评价不仅要关注学生的学业水平，而且要发现和发展学生多方面的潜能，了解学生发展中的需求，帮助学生认识自我，建立自信，发挥评价的教育功能，促进学生的发展。建立和促进教师不断提高的评价体系，强调教师对自己教学行为的分析与反思，建立以教师自评为主，校长、教师、学生、家长共同参与的评价制度，使教师从多种渠道获得信息，不断提高教学水平。"

新课程评价的改革重点分为学生评价的改革重点、教师评价的改革重点和课程实施评价的改革重点和考试的改革重点四个方面。

第一，学生评价的改革重点，强调建立评价学生全面发展的指标体系，重视采用灵活多样、具有开放性的质性评价方法，将考试作为学生评价中的方式之一。

第二，教师评价的改革重点打破唯“学生学业成绩”论教师工作业绩的传统做法，建立促进教师不断提高的评价指标体系，强调以“自评”方式促进教师教育教学反思能力的提高，倡导建立学生、家长和管理者共同参与的、体现多渠道信息反馈的教师评价制度，同时打破关注教师行为表现、忽视学生参与学习过程的传统的课堂教学评价模式，建立“以学论教”的发展性课堂教学评价模式。

第三，课程实施评价的改革重点在于建立促进课程不断发展的评价体系，以学校评价为基础，促进新课程的实施与发展。

第四，考试的改革重点在内容、方式和结果处理方面都有着具体的要求。在考试内容方面，应加强与社会实际和学生生活经验的联系，重视考查学生分析问题、解决问题的能力。在考试方式方面，倡导给予多次机会，综合应用多种方面，打破唯纸笔测试的传统做法。在结果处理方面，应做出具体的分析指导，为促进学生发展为前提，而不是一味地给学生加压。

温故知新

课程是在一定学校的培养目标指引下，由具体的育人目标、学习内容及学习活动方式组成的，具有多层组织结构和育人计划性能、育人信息载体性能的，用以指导学校教育、教学活动的育人方案，是学校教育活动的一个组成部分。

课程有广义和狭义之分，广义的课程是指为了实现学校培养目标而规定的所有学科(即教学科目)的总和，或指学生在教师指导下各种活动的总和，如中学课程，小学课程。狭义的课程是指某一门学科，如数学课程，历史课程等。

课程理论包括学科中心课程理论、活动中心课程理论、社会中心课程理论等。课程的类型是指课程设计的不同种类或方式，是由不同的课程设计思想产生的。不同的课程类型有着不同的课程价值观，并由此产生了相应的课程类型。

分科课程是指从不同门类的学科中选取知识，按照知识的逻辑体系，以分科教学的形式向学生传授知识的课程。综合课程是指有意识地运用两种或两种以上学科的知识观和方法论去考察和探究一个问题，旨在打破学科界限，将若干不同的科目整合为范围较广的新科目。活动课程是指以儿童的主体性活动的经验为中心组织的课程，也叫作生活课程、经验课程、儿童中心课程。

必修课程是指某一教育机构规定学生必须学习的课程种类。选修课程是学生可以根据自己的需要和兴趣决定是否学习的课程。

国家课程是由中央教育行政机构编制和审订的课程，其管理权属于中央教育行政机关，通常是在全国范围内统一设置的课程，属于一级课程。地方课程是由省、市等各级地方教育行政机构和教育科研机构编订的课程，属于二级课程。校本课程是在实施国家课程与地方课程的前提下，学校根据自己的教育理念，在对学生的需求进行系统评估的基础上，充分利用社区和学校的课程资源而开发的多样的、供学生选择的课程，也称学校课程。

课程开发是指通过社会和学习者需求分析，确定课程目标，再根据课程目标选择某一学科的教学内容和相关教学活动进行计划、组织、实施、评价和修订，最终达到课程目标的整个工作过程。

课程实施是指将被采用的课程计划付诸实践的过程，即推行计划的过程。课程实施决定着课程变革的成败。我国当前新课程改革的核心理念是为了每位学生的发展。我国当前基础课程改革的理念可以概括为三维目标观、综合课程观、内容联系观、学习方式观、发展评价观以及校本发展观。

【本章练习】

1. 名词解释：课程。
2. 论述课程理论及其流派。
3. 课程类型有哪些？
4. 举例说明影响课程开发的主要因素。
5. 我国新课程改革的具体目标是什么？
6. 请简述课程改革对教师角色转换的要求。
7. 简述基础教育新课程改革的师生观与教学观。

第八章 教学

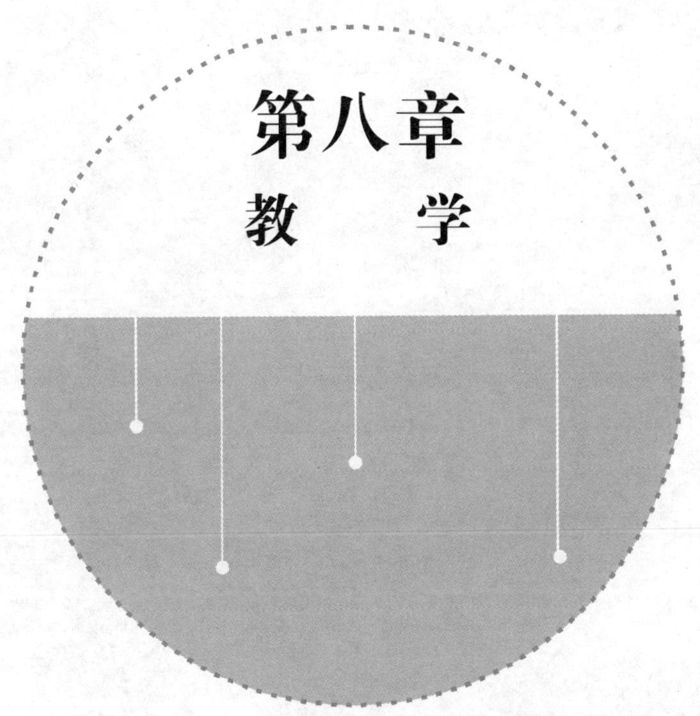

【内容概要】

☆ 教学的意义
☆ 教学过程的各种本质观
☆ 教学过程的基本规律
☆ 教学工作的基本环节及要求
☆ 教学原则、教学方法
☆ 教学组织形式的内容与要求
☆ 我国当前教学改革的主要观点与趋势

第一节　教学的基本理论

问题引入

什么是教学？教学的具体概念是什么？教学具有怎样的意义？这些是教学的基本问题和基础概念，带着对这些问题的思考一起进入本节的学习。

一、教学的概念

教学，是指学生在教师有目的、有计划的指导下，以掌握一定的课程和教材所包含的基础知识，基本技能为基本内容，以促进学生全面发展为目标的一种双边教育活动。简言之，教学就是指教师的教和学生的学所组成的共同活动。[①]

教学活动是师生的双边活动过程，没有教师的教或没有学生的学都不能构成教学。教学是在教师的指导下，学生主动进行的，它有着明确的目的、严密的计划和严格的组织。

教学作为教育的组成部分之一，它与教育的关系是部分与整体的关系，教学是学校教育的一个基本途径，而学校教育还有着更广泛的途径，如课外活动、社会实践活动等。

视野拓展

中国古代的教学

早在商朝，甲骨文中已经出现了“教”字，如“丁酉卜，其呼以多方小子小臣其教戒”。甲骨文中也有了“学”字，如：“壬子卜，弗酒小求，学。”通过甲骨文中的字形分析来看，教是从学派生出来的。“教”和“学”最初都是独立的单字。最早将“教学”二字连为一词，据有人考证

① 王道俊，王汉澜. 教育学[M]. 北京：人民教育出版社，1999，178.

见于《书·商书·说命》。“教学”二字建立联系成一个词,但这个词并没有专有的解释。

根据中国古代文献的记载,“教”有“教授、教诲、教化、告诫,令使等含义”。《说文解字》中记载:“教,上所施,下所效也。”有人分析,“其‘施’就是操作、演示,即传授蓍占和龟卜;其‘效’就是模仿、仿效,即学习蓍占和龟卜”。“教”“学”还是被单独解释的。

二、教学的意义

教学是学校的中心工作,教学质量的高低直接影响着学校教育的质量和人才的质量,是关系到学校生存、发展乃至社会进步的重要问题。认真搞好教学工作,对于落实党的教育方针,保证人才培养质量,促进学生全面发展有着重要的意义。

1. 教学是传播系统知识、促进学生发展的最有效形式

人的生命是有限的,而人类社会的发展永无止境,教学突破了时间、空间以及个体直接经验的局限,成为把个体认识和社会认识联系起来的纽带。教育者通过精心选择教学内容,巧妙设计教学方法,合理安排教学时间,严密组织教学进程,就能够简洁高效地将人类长期积累起来的科学文化知识转化为个体的精神财富,使个体的发展水平达到人类的一般发展水平,并在此基础上探求新知识、积累新经验,为社会发展做出贡献。

心语感悟

教,上所施,下所效也。

——许慎

2. 教学是进行全面发展教育,实现培养目标的基本途径

教学是一种有目的、有计划、有组织的教育活动,它总是按照一定的国家教育目的对人才质量的总的设想或规定来教育学生,通过教学有计划的将教育的各个组成部分,即德育、智育、体育、美育、劳动技术教育的基本知识传授给学生,促进学生的全面发展,从而达到社会所需人才的要求。

3. 教学是学校的中心工作

教学在整个教育过程中居于中心地位,学校工作必须以教学为主。教学的特殊作用可以满足社会发展的需要和学生身心发展的需要。学校工作以教学为主,是学校区别于社会其他各部门的一个本质特点,也是我国教育实践证明了的一条客观规律。

第二节 教学过程

问题引入

通过上节的学习,我们已经初步了解了教学的概念和意义,那么教学的具体过程是什么？教学过程的实质是什么？教学过程包含了哪些基本规律？带着对这些问题的思考一起进入本节的学习。

教学是一个复杂的过程，时时刻刻处在变化发展之中。为了更好地认识教学过程，并对它进行合理的调控，对教学过程的实质、规律、阶段等问题进行深入探究，对每个教育工作者都是大有裨益。

一、教学过程的概念

关于教学过程的内涵，并无统一的认识，归纳起来，大致有三种比较典型的看法。

第一种看法为，“教学过程是教师的教与学生的学相结合的双边活动过程”[①]。这种看法强调了教学过程中“教”与“学”的区别和联系，但显然只停留在描述性的层面，没有揭示“教”与“学”之间“结合”的基本特征。

第二种看法认为，教学过程是“学生在教师有目的、有计划的指导下，积极主动地掌握系统的科学文化基础知识和基本技能，发展能力，增强体质，并形成一定思想品德的过程”[②]。这种看法所指太宽泛，把教学过程内涵等同于“教育”的内涵了，未能把握教学过程的质的规定性。

第三种看法认为，“教学过程是指开展教授活动和学习活动的时间流程”[③]。这种看法虽强调了教学过程是一种时间流程，但还没有深入揭示教学过程中教授活动与学习活动的相互关系。

在现代教学理论中，教学过程作为一个专门的概念，意在从时间维度上来深入认识、揭示和把握教学实质。因此，简而言之，教学过程是教师根据教学目的、教学任务和学生身心发展的规律，有计划地引导学生积极主动地掌握科学文化基础知识和基本技能，发展智力和体力，形成一定思想品德和心理品质的过程。教学过程在实际形态上纷繁复杂、形式多样，是知、情、意合一的过程。

视野拓展

赫尔巴特论教学过程

德国哲学家与教育家赫尔巴特从唯心论出发，认为在教学过程中，学生的一切心理活动都是观念的运动，即概念与概念、主要概念与从属概念之间系统化联结运动。至于概念本身并不是客观世界的反映，而是人类把心灵固有的先验的理性概括，通过深思熟虑赋予客观世界的。

赫尔巴特把教学过程分为四个阶段。①明了：即要求学生专心致志地学习新课题的各个要素，达到正确理解为止。②联合：建立新概念与已知概念的联系。③系统：突出主要思想，把知识整理成贯通的系统。④方法：指导学生独立思考，运用系统知识进行练习作业。

---

① 李秉德.教学论[M].北京：人民教育出版社，1991，23-24.

② 王焕勋.实用教育大词典[M].北京：北京师范大学出版社，1995，2126.

③ 筑波大学教育学研究会.现代教育学基础[M].上海：上海出版社，1986，278.

赫尔巴特所强调的是系统的书本知识教学，忽视感性认识和实践在教学过程中的作用，使理论脱离实践。他的教学阶段是脱离具体教学内容特点的，带有形式主义性质。但是，赫尔巴特运用心理学来解释教学过程，最早提出和论述了教学阶段问题，明确地把教学当作一个过程来研究，这些是具有一定意义的。

二、教学过程的实质

关于教学过程的实质是什么这一问题，在我国教育界曾进行过热烈的讨论，各家观点不尽相同，但归结起来比较一致的观点有以下几点。

（一）教学过程是特殊的认识过程

教学过程主要是教师引导学生掌握人类长期积累起来的科学文化知识的过程，是将人类的认识成果转化为学生个体认识的过程，是有组织的认识过程。因此，教学过程必须遵循人类认识的一般规律，即"实践、认识、再实践、再认识"这种形式，循环往复以至无穷。

教学过程主要是学生个体的认识过程，有着与人类一般认识过程不同的特点：①从认识对象来看，学生主要是通过学习书本知识来获得发展，具有间接性；②从认识的目的来看，主要是为了获得人类积累的知识经验，提高认识能力，缩小个体认识水平与社会历史认识水平的差距；③从认识条件来看，学生的认识是在学校这一特殊环境中，在教室的引导下，按照预定目的进行的，具有方向性和可控性；④从认识序列来看，学生不应照搬人类一般认识规律，它既可从生动的直观开始，又可从抽象的理论开始，还可从有领导的实践活动开始，具有多开端性；⑤从认识过程来看，学生可以突破时空局限，走一条认识客观世界的捷径，具有简捷性。因此，教学过程是一个特殊的认识过程。

心语感悟

博学之，审问之，慎思之，明辨之，笃行之。

——《礼记·中庸》

（二）教学过程是促进学生身心全面发展的过程

在教学过程中，学生的认识活动不仅仅是在教师引导下把知识体系转化到自己的认知结构中去的过程，也是一个发展智力、体力，形成一定的思想品德和心理品质的过程。因此，教学过程是一个促进学生身心全面发展的过程。

教学与发展是相互依存、相互影响的，但二者不能等同。学生掌握知识的数量和范围不能完全说明他的发展水平，只有将二者有机地结合起来，在教学过程中有目的、有计划、有组织地促进学生的身心发展，学生良好的发展水平才会促进教学过程的顺利完成。

总之，教学过程是在教师指导下学生的认识和发展过程。

三、教学过程的基本规律

教学规律是指教学过程中客观存在的，具有必然性、稳定性、普遍性的本质联系。了解和尊重教学规律,按教学规律来处理教学过程中的各种问题,可使我们在教学中少走弯路,提高教学效率。目前并没有建立起完善的教学规律体系,要找出全部教学规律,还有待探讨。下面,主要阐述教学内部各基本因素相互作用与联系而构成的教学过程的基本规律。

(一) 间接经验与直接经验相结合的规律

间接经验是他人的认识成果,主要是指他人的理性认识;直接经验则是个体亲身获得的认识,主要是指个体的感性认识。间接经验与直接经验相结合的规律反映了学校的社会职能与教学过程的根本特点。

辩证唯物主义认识论

辩证唯物主义的认识论,一方面强调直接经验的重要性,因为认识来源于实践,只有从亲身的实践中得到的直接经验是获得的真知,但另一方面,又不能否认学习间接经验的重要性,因为一个人的实践总是有限的,一切事情都靠自己直接经验是不可能的。所以,一个人的知识,包括直接和间接两部分,而真正的经验都是从实践中获得并经过实践检验的。人们在接受间接经验时,多少要以自己的直接经验为前提,要真正理解间接经验,还有待于自己的实践。因此,在人的认识过程中,在实践中取得直接经验和虚心学习间接经验是一致的,是缺一不可的。

学生以学习间接经验为主,学生对客观世界的认识,主要是通过学习书本知识即间接经验来实现的。在教学过程中,以书本知识的形式表现出来的间接经验,是经过人们精心地选择、设计,并使之系统化、简约化和心理化了的系统知识。学生可以在教师的引导下循序渐进地学习,避免重复人类认识史上所经历的曲折和错误,用最短的时间和最高的效率来掌握人类创造的基本知识,并以此作为新的起点,创造出新的认识成果。因此,学生以学习间接经验为主的教学活动是学生认识客观世界的一条捷径。

学习间接经验必须以直接经验为基础。教学过程虽然是一个特殊的认识过程,但它也必须遵循"从生动的直观到抽象的思维,再从抽象的思维到实践"的认识规律,将直接经验作为学习间接经验的基础。否则,学生难以将抽象的、偏于理性的书本知识转化为个人的精神财富。因此,教学中要充分利用学生已有的经验,增加学生的感性认识,将理性认识与感性认识有机结合起来,在直接经验的基础上,理解所学书本知识(间接经验),并获得运用知识的实际能力,从而真正掌握比较完整的知识体系。

在教学过程中,学生要获取的知识包括直接经验和间接经验两部分。其中,间接经验居主要地位,直接经验是学生理解和应用间接经验的基础和必要条件。

(二) 掌握知识和发展智力相统一的规律

掌握知识是发展智力的基础,发展智力是掌握知识的必要条件。知识是人们进行思维的"原料",学生学习的科学文化知识,既是人类长期积累的认识成果,又是人们认识能力的结晶,它本身蕴藏着丰富的智力因素和认识方法。学生只有掌握这些基本知识,领会其中所包含的认识方法,学会独立地去获取知识和运用知识,才能实现知识向智力的转化,促进智力的发展。一般来说,知识经验越丰富、越系统,就越容易迅速地理解新知识和解决新问题,推动智力的发展。同时,知识的掌握又有赖于智力的发展。在教学过程中,如果学生没有最基本的智力发展水平,就不可能有效地掌握知识。因此,发展学生的智力非常重要,尤其是在科学技术正飞速发展的今天,知识的难度和范围不断增大,发展智力更是掌握知识的必要条件。

掌握知识与发展智力并不是同步的。学生知识掌握的多少并不标识着他的智力发展的高低,因为智力并不表现为知识本身,而表现在获得知识的心理品质上。那种认为掌握了知识,就自然地发展了智力的观点是错误的。因此,在教学过程中,应采用科学的教学方法,引导学生学习具有一定难度的知识,激发学生的求知欲,教会学生学习,启发学生积极的思维,主动的掌握知识,并能够自如地甚至创造性地运用知识来解决理论和实际问题,使学生既掌握知识又获得智力的高水平发展。

在教学过程中,掌握知识与发展智力是既有区别又互相联系的,二者相互依存,互为条件,互为因果,互相促进,要防止只抓知识教学或只重视智力发展的错误倾向。

(三)教师主导作用与学生的主体作用相结合的规律

发挥教师的主导作用是促进学生有效的学习和发展的必要条件。教师在教学过程中起主导作用。教师受过专业训练,掌握丰富的知识,具备传递知识所需要的各种能力,能够根据社会的需要和学生的实际,将教学计划、教学大纲、教科书所规定的知识传授给学生。这些知识对教师来说是已知的,对学生来说却是未知的,教学的最终目的就是要使学生从不知到知。在解决知与不知的矛盾中教师居于矛盾的主导方面。学生要想以最简捷的方法实现从不知到知的转化,就必须在教师的主导作用下,有目的、有计划地获取知识,提高学习效率,发展智力和各方面的能力,培养良好的思想品德,以实现身心全面发展。

只有充分发挥学生的主体作用,教师的主导作用才能取得良好的实际效果。学生是具有主观能动性的人,他们不仅是教学的对象而且是学习的主体。教师的主导作用固然重要,但学生的学习是任何人都不能代替的。知识和思想观点的形成,都必须通过学生自己的积极思考和实际获得才能实现,学生的主动性、积极性是学习成败的关键。因此,教学中必须充分发挥学生的主体作用,调动学生学习的积极性和主动性才能使教师的教取得良好的实际效果。

教师的主导作用和学生的主体作用辩证地统一于教学活动中,二者相辅相成、缺一不可。只有二者的积极配合才能取得最佳的教学效果。要防止片面强调教师的主导作用或片面强调学生的主体作用的错误倾向。

心语感悟

为学之道,莫先于穷理;穷理之要,必在于读书。

——朱熹

(四)传授知识与思想教育相统一的规律

掌握知识是提高思想的基础。学生科学的世界观和良好的道德品质的形成是建立在一定的科学文化知识基础之上的，它本身也是一个科学文化知识体系。在教学中，通过传授知识不仅可以增长学生的知识素养，发展学生的认识能力，还可以加深学生对道德规范的认识，提高道德判断的能力，领悟健康向上的道德情感，养成正确的道德行为习惯，为科学世界观的形成奠定良好的基础。

学生思想的提高有助于知识的掌握。学生掌握知识的过程是一个能动的认识过程，在这一过程中，学生的思想状况、学习目的与态度等都对学习起着决定性的作用。通过教学活动有意识的帮助学生提高思想觉悟，明确学习目的，端正学习态度，树立远大的理想，认识个人学习的社会意义，养成坚韧不拔、顽强拼搏的优良品质，那么，就会给学生的学习带来巨大的动力，激励学生积极主动地学习，掌握更多的知识。

掌握知识与思想教育是密不可分、辩证统一在教学过程中的。教学永远具有教育性，除教学内容本身就具有丰富的思想教育因素外，教学过程的组织，教学方法的应用，教师的教学态度、思想作风、言谈举止等对学生的思想都有着深刻的影响。因此，教学必须注重教师育人，防止只抓知识教学或空洞说教的思想教育的错误倾向。

第三节　教学工作的基本环节、原则和方法

问题引入

教学工作具体包括了哪些环节？在实际的教学工作中，要遵循怎样的教学原则？如何选择适当的教学方法？带着对这些问题的思考进入本节的学习。

一、教学工作的基本环节

教学工作基本环节是指教师常规性的、周期性的教学工作，也是教师职业最基本的工作内容。它主要包括：备课、上课、学生作业布置与指导、课外辅导和学生成绩的评测等工作环节。从各自的关系和地位来说，这些工作环环相扣，周而复始地进行。①

（一）备课

备课，是指上课需要做的准备工作。备课是为上课服务的，因而上课是备课的着眼点。备课过程中所考虑的一切问题和所做的一切工作，都应尽可能地预测上课时的情境，以及总结以往上课的经验教训，备课的时间要由教师自行安排。备课不但是上好课的基础和保证，也体现了教师的责任感、自觉性和积极性。

（二）上课

这里说的上课主要是指教师的课堂教学工作，有时也包括现场教学工作。上课是提高

① 扈中平，李方，张俊洪. 现代教育学[M]. 北京：高等教育出版社，1999，393-414.

教学质量的中心环节。上课使教师直接与学生接触，对全班学生产生教育影响，直接发挥教师的主导作用，大面积提高教学质量。国家制定的课程计划，规定了各科的上课时数、任务和要求，上课是完成教学任务的基本保障。

（三）作业的布置和批改

在教学工作中，大量复习、巩固、运用的工作是在课外进行的，其中课外作业是重要的一环。组织好学生课外作业，有利于消化吸收课堂上所学的知识，形成一定的技能技巧，还有利于培养学生独立工作的能力和习惯，发展学生的智力和创造力。教师通过批改作业，能对学生的学习起指导、鼓励的作用，可以获取教学的反馈信息，从而检查教师的课堂教学效果，促进课堂教学的调整和改进。

（四）课外辅导

由于课堂教学的局限性，上课不可能充分考虑到每个学生的情况，课外辅导可以在一定程度上弥补课堂教学的不足。

课外辅导的内容有解答学生的疑难问题、指导学生的课外作业、补充课堂上没有解决的遗留问题、给缺课和后进生补课、给特殊优秀生特别指导。

（五）考查和考试

教学过程是一个持续连贯的过程，只有了解上一堂课的教学效果，才能更好地上好下一节课，只有掌握了前一阶段的教学情况，才能更好地进行下一阶段的教学活动。通过考查和考试，教师能了解前一阶段学生的学习情况，检查自己前一阶段的教学成果，促进课堂教学。考查和考试，还能促进学生复习功课，巩固加深所学知识技能，了解自己学习上的优点和缺陷，明确努力方向。

视野拓展

五步教学法

扬·阿姆斯·夸美纽斯首先提出班级授课制，把一对一的个别化教学变为一个教师同时对几十个学生进行施教的群体教学。赫尔巴特将课堂教学划分为明了、联想、系统、方法四个阶段，都是强调了教师的“讲”。此后，凯洛夫将其形成一套完整的体系，形成了“五步教学法”。何谓“五步教学法”？按教科书定义，即控制课堂教学的五个主要步骤：组织教学、复习旧课、讲解新课、巩固新课、布置作业。“五步教学法”影响了一代又一代的中国教师，因而成为我国教育界倍加推崇的通用模式。

二、教学原则

教学原则是根据教育教学目的，并以教学规律为基础而制定的指导教学工作的基本要求，是在教学活动中必须遵循的基本行为规范。科学的原则，能够促进教学质量的提高。掌握科学的教学原则，能够正确处理教学活动中的各种矛盾关系，也能对制定课程标准、选择使用教材、确定教学方法、确定教学组织形式等有指导作用。它既可指导教师的教,又可指导学生的学。

(一) 科学性和思想性相统一的原则

科学性是指教学内容必须是正确的、科学的,教学方法、教学组织形式也是适当的、科学的。思想性是指合理灵活地结合教学内容对学生进行思想教育。这二者是高度一致的,科学性是思想性的基础和前提,思想性是科学性的灵魂,是提高科学性的保证。

贯彻这一原则的基本要求有以下三点。

(1) 在教学内容的选择和组织上,要注意科学性和思想性相结合。教学的内容应当是正确的、准确无误的、富有教益的。在方法组织上,应自然巧妙地结合二者,让科学性自然地"渗入"教学中去。

(2) 在教学过程中,应注意发掘教学材料的思想性。我们的教学科目有些是直接进行思想、政治、道德或心理教育的,也有些是起潜教育作用的。对于有隐形教育性质的教学,教师应给予充分的重视,认真分析课本,把思想性融入科学性中,既教书又育人。

(3) 教师要加强自身修养。作为为人师表的教师,其自身的言行举止就是一种教育。教师的教学态度、待人方式和工作方法等都会影响学生的认识和思想,都会起到潜移默化的教学效果。

赞可夫教学五原则

赞可夫的"教学与发展"理论运用了他的导师苏联著名心理学家维果茨基最近发展区学说。维果茨基说:教学应该创造最近发展区,然后使最近发展区转化为现有发展水平;教育学不应当以儿童发展的昨天为方向,而应当以儿童发展的明天作为方向。只有当教学走在发展的前面的时候,教学才有好的结果。通过长期广泛的教学实验,赞可夫提出了五条教学原则:①以高难度进行教学的原则;②以高速度进行教学的原则;③理论知识起指导作用的原则;④使学生理解学习过程的原则;⑤使全体学生都得到一般发展的原则。

(二) 直观性和抽象性相统一的原则

此原则是指教师通过直观手段,引导学生形成所学事物、过程的清晰表象,丰富他们的感性认识,并引导他们对学习内容进行分析、归纳、综合、抽象、概括等,发展学生的想象能力和抽象思维能力。

贯彻这一原则的基本要求有以下几点。

(1) 正确选择直观的教学手段。主要包括实物直观、模像直观和语言直观,不同年级的学生应针对其特点选用不同的直观手段。

(2) 直观要与讲解结合。有些老师的讲解,学生更能集中注意力,更易理解直观教学中深层理论,更能激发思维,解决疑难。

(3) 重视语言直观。在现实教学中,语言直观是一种更简便易行的有效方法。教师用生动、形象的语言,给学生以感性认识,形成生动的表象或想象,从而让学生掌握知识。但要注意，使用语言直观要以学生的已有经验为基础。

(4) 从运用直观形象过渡到摆脱具体形象。因为，直观只是手段，而不是目的。使用直观手段要有意识地锻炼学生逐渐地不借助教具也能再现有关表象，能摆脱具体形象而进行抽象思维活动。同时，要避免盲目直观、形式主义而不讲实效的教学倾向。

(三) 理论联系实际的原则

此原则是指教学要坚持理论和实际的结合与统一，用理论指导实际，用实际验证理论，学生在二者的结合中理解和掌握知识，并由此培养用理论知识解决实际问题的能力。

贯彻这一原则的基本要求有以下三点。

(1) 以掌握理论知识为主，加强基本理论和基础知识的教学。必须强调理论知识的主导作用，切实抓好基础理论的教学，不可主次颠倒，片面强调实际而削弱了理论知识的教学。

(2) 依据学科内容、任务和学生的特点，恰当地联系实际。应结合教学，根据课程标准等的要求，安排学生参加一些社会实践活动，教师注意联系课本知识，加以引导。

(3) 要重视基本技能的训练和培养。在学习理论知识的同时，要重视通过练习、训练等培养学生的动手能力和操作能力，达到学以致用的目的。

心语感悟

理论是灰色的，唯生命之树常青。

——歌德

(四) 启发性原则

启发性原则来自孔子的"不愤不启，不悱不发"。此原则是指在教学中教师要认识到学生是学习的主体，引导学生积极主动地学习，自觉掌握科学知识和提高分析问题、解决问题的能力。

贯彻这一原则的基本要求有以下几点。

(1) 调动学生学习的积极性和能动性。这是解决学生的内在动力问题。只有激发了学生的内在动机，而不是从外界施加压力，学生的学习才能持久而高效。

(2) 创造最佳学习状态。学生的学习状态是学生能否被激发起来的重要条件。教师要尽可能地从内外环境上创造条件，帮助学生达到最佳的学习状态。

(3) 营造民主的教学氛围。它包括：建立民主平等的师生关系，创造和谐民主的教学气氛，鼓励学生各抒己见，允许学生勇于质疑等。

(4) 启发学生积极思维。从本质上来说，启发学生积极思维是给学生提供问题情境的教学，在问题情境中，让学生积极思维，是启发成功的重要步骤。常见的启发学生积极思维的方式有提问启发、情境启发、活动启发、比喻启发等。

心语感悟

不愤不启，不悱不发。举一隅不以三隅反，则不复也。

——《论语·述而》

（五）循序渐进原则

此原则是指教学要按照学科的逻辑体系和学生的身心发展规律进行，使学生系统地掌握基本知识、基本技能，从而逐步增长知识、提高能力。

贯彻这一原则的基本要求有以下三点。

（1）严格按照教学内容的系统性进行教学。按课程标准、教材体系进行教学是为了保证学生接受完整系统的科学知识。

（2）要遵循学生的身心发展规律。教师要了解所教学生年龄阶段的生理和心理特点，并根据学生的年龄特征和认知发展水平来进行教学工作。

（3）抓主要矛盾，解决好重点、难点教学。循序渐进并不意味着教学要面面俱到，而是要区分主次、分清难易、详略得当，这样才能提高教学质量。

心语感悟

自然不性急，它只慢慢前进。

——扬·阿姆斯·夸美纽斯

（六）统一要求与因材施教相结合的原则

此原则是指教学既要面向全体学生进行，对他们提出统一要求，又要承认学生的个别差异，并根据个别差异而有的放矢、有差别地教学，使每位学生都能扬长避短，获得个性的充分发展。

贯彻这一原则的基本要求有以下三点。

（1）教学要有统一全面的要求。教学中要考虑德、智、体、美等各方面的要求，不能使学生有任何一方面的偏废，学生各门课程都应达到教学标准规定的进本要求。

（2）针对学生的特点，采取有区别的教学。

（3）要深入了解学生的个别特点。教师应了解学生各方面的特点及相关情况，如兴趣、特长、个性特征、思考能力等。只有了解学生的不同，才能区别对待。

（七）巩固性原则

此原则是指教师要引导学生在理解的基础上，牢固地掌握学过的知识和技能，保持在记忆中，并能根据需要迅速再现出来，便于知识和技能的运用。

贯彻这一原则的基本要求有以下几点。

（1）教师在讲授知识时要清晰而深刻，让学生在理解的基础上巩固知识。只有理解了的知识，才能记忆更深刻。特别注意基础知识的讲解与巩固，因为基础知识有极强的再生能力，能引申和推导很多相关知识。

（2）重视各种复习。复习不等于简单的重复，重复的效果取决于正确的组织，要及时复习，合理分配复习时间。

（3）在扩充改组和运用知识中积极巩固。复习是主要的巩固方法，但不是唯一的方法。在教学中，许多教师引导学生努力学习新知识，扩大原有知识和积极运用所学知识来解决实际问题，从而巩固旧知识，也是一种有效地巩固知识的方法。

(4) 要帮助学生掌握记忆的规律和方法。鼓励学生根据自己的学习特点，不断摸索出适合自己的记忆经验。

三、教学方法

所谓教学方法，是为完成教学任务而采用的办法，是教师引导学生掌握知识、习得技能、促进身心发展的方法。它包括教师教的方法和学生学的方法。

视野拓展

巴班斯基的教学方法分类

巴班斯基依据对人的活动的认识，认为教学活动包括了这样的三种成分，即知识信息活动的组织、个人活动的调整、活动过程的随机检查。把教学划分为三大类：组织和自我组织学习认识活动的方法；激发学习和形成学习动机的方法；检查和自我检查教学效果的方法。

教学是一种创造性活动选择与运用教学方法和手段要根据各方面的实际情况统一考虑。常言道："教学有法，但无定法"。每个教师都应恰当地选择和创造性地运用教学方法，各级学校和每一门学科，都有其相适应的教学方法。我国中小学常用的基本教学方法主要有讲授法、谈话法、讨论法、练习法、演示法、参观法、实验法和读书指导法等。每种方法都有它的特定功能，因而在运用上有不同的要求。

(一) 讲授法

讲授法是教师通过语言系统连贯地向学生传授知识的方法。它通过循序渐进的叙述、描绘、解释、推论来传递信息、传授知识、阐明概念、论证规律，引导学生分析和认识问题，并保证学生的智力与品德的发展。由于学科性质和教材内容不同，所以教师的讲授，有时是运用生动形象的语言叙述事实、描绘讲授对象，有时是对概念、定理、法则进行分析和逻辑认证；有时是讲和读结合，有时则是对理论进行深入分析和系统阐述。

由于语言是传递经验和交流思想的主要工具，故讲授是教学的一种主要方法，运用其他方法，都需要配合一定的讲授。运用讲授法能够充分发挥教师的主导作用，在较短的时间内向学生传授较多的知识，而且能结合知识的传授，启发学生的思维活动和对学生进行思想品德教育。

(二) 谈话法

谈话法又称回答法，它是教师引导学生运用已有知识经验回答提出的问题，借以获得新知识，或检查、复习、巩固已学知识是一种教学方法。目前，我国中小学教学中的谈话课主要有三种具体形式：传授新知识的谈话；复习、巩固、检查知识的谈话；指导、总结性谈话。

运用谈话法进行教学，有助于集中学生的注意力，激发学生的思维，调动学习的积极性，培养他们独立思考和语言表达能力。

（三）讨论法

讨论法是指在教师指导下，通过小组或全班对教学内容发表看法、进行讨论、得出结论，从而获得知识的一种教学方法。讨论法的采用可以使学生互相启发、集思广益、取长补短，有利于对知识的深入探讨和理解，还可以活跃学生思想，充分发挥学习的能动性和积极性，养成独立思考能力、口头表达能力和综合分析问题的能力。

（四）练习法

练习法是在教师指导下，学生将所学知识运用于实际，以达到对知识的消化和巩固，并形成技能技巧的一种教学方法。中小学教学中常用的练习方式有说话练习、书写练习、解答练习、作文练习、绘画练习、制图练习、运动和文娱技巧的练习等。

运用练习法能促进学生巩固知识，培养学生运用知识的能力，激发学生的动手意识，锻炼学生的思维能力，磨炼学生的意志品质。

（五）演示法

演示法是指教师在课堂上配合讲授和问答把实物或直观教具展示给学生看，或通过示范性的表演和实验，使学生通过观察获得知识、巩固知识的方法。

运用演示法进行教学能使学生获得丰富的感性知识，并将书本知识和实际事物联系起来，让学生掌握正确、深刻的概念，并有助于激发学习兴趣，集中课堂注意力和促进思维活动，从而更好地理解知识和运用知识。

（六）参观法

参观法是根据教学目的组织学生到校外观察自然现象和社会现象，从而获得知识的一种教学方法。运用参观法，一是使学生亲临现场，亲自感触社会，加强与社会的紧密联系，获取丰富的感性知识，二是能扩大学生的视野，促进智力特别是观察力、形象力的发展，三是能使学生受到生动活泼的思想品德教育，培养学生热爱自然、热爱生活、热爱人民、热爱祖国等良好的思想品德。

（七）实验法

实验法是在教师指导下学生运用一定的仪器设备在一定条件下进行独立作业，观察事物和过程的发生变化，探求事物的规律，以获得知识和技能并验证知识的一种教学方法。根据教学的不同要求，实验可以在讲授理论之前进行，目的在于使学生获得感性认识，为理解理论知识奠定基础，也可以在讲授之后进行，目的在于巩固或验证所学理论。

实验法能按照教学需要创造和控制一定的条件，引起事物的发生和变化，使学生看到事物的因果联系，不仅有助于学生理论联系实际，掌握实验操作技能，而且能培养学生对科学实验的兴趣和求实的精神。

（八）读书指导法

读书指导法是指教师指导学生通过阅读教科书、参考书以获取知识或巩固知识的方法。

包括指导学生预习、复习、阅读参考书、自学教材等。

读书指导法主要适用于学生已能相对独立学习的阶段，其特点和标识就是学生基本能够自己阅读教材，大略明白所要学习的内容，但却不一定能够理解得确切、全面、透彻，也不一定能够抓住要领，并且常常会感到学习上有许多困难。同时，他们还没有掌握一套自学的方法和养成自学的习惯。因此，他们还不能独立地进行阅读和学习，需要教师一课一课地或一章一节地指导和帮助。教学生学会阅读是读书指导法的关键和核心。

第四节　教学组织形式

问题引入

通过上节的学习，我们了解了教学工作的基本环节，学习到了需要掌握的教学原则和教学方法。本节，我们将对教学的组织形式进行深入学习。

一、教学组织形式的概述

教学组织形式是指为完成特定的教学任务，教师和学生按一定要求组合起来进行活动的结构。教学组织形式所要解决的问题，就是教师以什么样的形式将学生组织起来，通过什么样的形式与学生发生联系，教学活动按照什么样的程序展开，教学时间如何分配安排等问题。教学组织形式主要受教学观念、教学任务、教学内容、教学对象和教学条件等因素制约。教学组织形式是有效地利用教学时间、空间，充分发挥人尽其才、物尽其用的教学活动方式。

二、常见的教学组织形式

（一）教学的基本组织形式——班级授课制

班级授课制是把学生按年龄和知识程度分成固定人数的班级，教师根据课程计划和规定的时间表进行教学的一种组织形式。

班级授课制能够大规模地面向全体学生进行教学，保证学习活动的循序渐进，使学生获得系统的科学知识。它能够保证教师发挥主导作用，合理安排教学内容和进度，赢得教学的高速度发展。在班集体中学习，可以加强师生、生生之间的多向交流，保障教学任务的全面完成，促进学生多方面发展。

班级授课制也存在一定的局限性，学生的主体地位或独立性受到一定限制，缺乏实践性和个别差异性，教学内容、教学时间和教学进程过于程序化、固定化。

（二）教学的辅助组织形式

1. 个别辅导

个别辅导，又称个别教学，是在课堂教学的基础上教师针对不同学生的情况进行个别指导的教学组织形式。个别辅导一般是在学生已有学习的基础上，通过学生的复习、预习和对自己感兴趣的问题的深入学习，发现自己还未明白的问题，然后向老师请教，教师针对学生的具体情况进行个别辅导。个别教学主要通过个别答疑、对个别学生的课外作业和课外阅读进行指导等方式来进行。它既可以在课内实施，又可以在课外进行。

个别辅导教学的作业日益加强：首先可以弥补班级授课制的缺陷，促进个体的充分发展；其次，个别辅导可以提高学生学习的积极性、主动性。

私　　学

私学是中国古代私人办理的学校，与官学相对而言。私学产生于春秋时期，以孔子私学规模最大，影响最深，历时2000余年，在中国教育史上占有重要地位。私学产生原因，除社会需求外，还有赖于两个基本条件，即有可以作为教学的内容和有从事教学的人。

私学作为教育事业的重要组成部分，对中华文明的发展做出了巨大的贡献。首先，它冲破西周以来"学在官府"、学校教育为官府垄断的局面，扩大了教育的对象。其次，私学是专门的教育场所，这就打破了政教合一、官师合一的旧官学教育体制，使教育成为一种独立的活动。私学使教育内容与教育方式得到新的发展。最后，私学的发展积累了丰富的教育经验，促进了先秦教育理论的发展。

2. 现场教学

学校除了课堂教学之外，还要让学生通过自然或社会实践活动必要的直接经验，验证或运用理论知识，借以开阔眼界，扩充知识，激发学习热情，培养独立工作的能力，陶冶高尚品德。这种在自然和社会实践活动中进行教学的组织形式，便是现场教学。现场教学不仅是课堂教学的必要补充，而且是课堂教学的继续和发展，是与课堂教学相联系的一种教学形式。

现场教学有利于学生获得直接经验，深入理解理论知识，在某种程度上弥补了课堂教学的不足；现场教学可以让学生在轻松愉快的环境下掌握知识技能，增强教学的趣味性，丰富学生的情感空间，使教学更加活泼生动；同时现场教学还可以提高学生解决实际问题的能力。

3. 小组教学

小组教学是按学生能力或学生成绩把他们分成不同的组进行的教学。分组教学最显著的优点在于它比班级上课更切合学生的个人水平和特点，便于因材施教，有利于人才的培养。但是，它仍存在一些问题：一是不易科学地鉴别学生的能力和水平；二是在对待分组教学上，学生、家长和教师的意愿常常与学校的要求相矛盾；三是分组后造成的副作用很大，往往使高水平组学生容易骄傲自满，使低水平组的学生丧失学生积极性。

小组的分配应该注意以下几个方面：第一，要充分了解学生，教师针对每一个学生的具体情况进行综合分析，细致观察其发展情况；第二，制订个体教学计划，以使在教学中按照各组要求的共同点进行集体教学和各组要求的不同点安排分组学习；第三，保证教学井然有序，实施“小组教学”，要求教师必须具备良好的教学品质，既要做到爱心和责任心并存，又要有过硬的教学技能；第四，深入钻研教材，“分组教学”为了兼顾不同类型的学生，无形中增加了教师的难度，所以教师必须深入钻研教材，做到根据教材采取最为适当的教学组织形式。

视野拓展

导生制

导生制又叫作贝尔-兰卡斯特制，是由英国国教会的贝尔和公益会的教师兰卡斯特所开创的一种教学组织形式，曾在英国和美国流行过数十年，为英、美两国普及初等教育做出过重大贡献。

它的组织形式是：教师上课时先选择一些年龄较大或较优秀的学生进行教学，然后，由这些学生做导生，每个导生负责把自己刚学的内容教给一组学生。导生不但负责教学，而且还负责检查和考试，完全是教师的助手。有了导生的帮助，教师的教学工作量大大减轻了，因而能够教育更多的学生。

（三）教学的特殊组织形式——复式教学

复式教学是把两个或两个以上年级的学生编在一个班里，由一位教师分别用不同程度的教材，在同一节课里对不同年级的学生，采取直接教学和自动作业交替的办法进行教学的组织形式。它可以节约师资力量、教室和教学设备等。复式教学是由于一定地区的教育条件和经济条件落后或不平衡产生的，它有利于教育的普及。

复式教学的特点是：直接教学和学生自学或做作业交替进行。由于学科头绪多、讲课时间少、教学任务重、备课复杂，复式教学对教学过程的组织、教学时间的分配和教学秩序的处理等有更高的要求。复式教学是班级教学的一种特殊形式，它保持了班级教学的一切本质特征。

第五节 我国当前教学改革主要观点及趋势

问题引入

教育具有流动性，随着时间、空间的转换，教学也要顺势而行。在当今教学大变革的时代，我国提出了哪些观点？顺应了怎样的教学改革趋势？带着对这些问题的思考进入本节的学习。

一、我国当前教学改革的主题:实施素质教育

实施素质教育是我国社会经济发展对教育的客观要求,是提高劳动者素质和培养各级各类人才的需要。作为对我国未来一个时期的教育发展有着高度指导意义的一种新的教育观念,它是和我国传统的产生于小农经济和封建制度基础上并一直延续至今的应试教育观相对立的。如何有效地促进素质教育的实施必将成为我国当前教学改革的第一主题。

当前教学改革将会对教学诸多方面做出新的调整,主要包括以下几个方面。

(一) 面向结果的教学与面向过程的教学并重

面向结果的教学是指教师在教学活动中以学生取得令人满意的结论作为教学的直接意义,它是传统的教学所强调的教学形式。面向过程的教学则是教师在教学活动中重视引导学生对只是形成过程的理解,并在理解中仔细体验这一知识得以产生的基础以及它与其他知识的相互联系等。从主动学习的角度来看,面向过程会给学习主体带来一种更高的价值。

心语感悟

先生不应该专教书,他的责任是教人做人;学生不应该专读书,他的责任是学习人生之道。

——陶行知

(二) 智力因素与非智力因素并重

在教学活动中,智力因素和非智力因素在传授和学习知识经验的过程中是相互统一的,但两者在教学过程中所发挥的作用以及各自的发展并非是自发的齐头并进的。听其自然,往往会使它们其中的某一方面变得更加成熟,而另一方面则处于发展的落后状态。两者真正统一需要在教学过程中做出专门的努力。

(三) 教师指导与学会学习并重

有效的学习,离不开教师的指导,但指导只是手段。现代教学过程中教师的指导必须是把学生导向学会学习的境地,这不仅是终身教学的要求,而且从在教学过程中确立学生的主体地位这一点来看,只有学会学习,学习主体才会真正具有一种参与教学过程的能力。

(四) 一般能力培养与创造品质形成并重

能力培养已成为现代教学目标的重心,然而在促进学生一般能力的较全面的提高的同时,教师应该对学生创造力的发展给予特别关注,创造性已成为现代人素质结构中最重要的部分。

心语感悟

毫无疑问,创造力是最重要的人力资源。没有创造力,就没有进步,我们就会永远重复

同样的模式。

——爱德华·波诺

二、我国当前教学改革的基本策略:坚持整体教学改革和实验

所谓坚持整体教学改革和实验,是指在统一而明确的改革目标和实验假说的指导下对教学系统中各种因素、各门学科进行协调统一、相互渗透的调整和变革,以此改善教学系统。

我国当前的整体教学改革和实验应抓住以下两个主要问题。

第一,运用整体性观点进行教材、教法、学法、考试、教学环境等的全面改革和实验,但要正确看待整体和全面的关系。整体改革要求全面改革,但是全面改革不等于整体改革。要视教学为一个系统,围绕办学方向和教学目标,综合统筹教学系统各要素之间的相互关系,切忌把教学整体改革和实验视为诸多单项、单科教学改革和实验的简单相加,要使各种教学因素有机地统一协调起来,形成最佳组合。只有这样,才能产生"整体功能大于部分功能之和"的教学效益。

第二,提高整体教学改革和实验的可操作性。教学改革和实验的生长点应在于革除旧有教学体制中的弊端,验证经过精心设计的实验假说,从而创立能够在一定范围内加以推广的新的教学体系或提供某些有效的教学变量。因此,改革和实验中必须显示较高的易为他人所仿效的可操作性,即抓住教学系统中有关课程内容、教学方法、教学组织形式等具体的实质性问题进行实实在在的变革和调整,要把这些问题置于改革和实验的突出位置上。

三、我国当前教育改革的重心:建立合理的课程结构

更新课程内容和形式,建立合理的课程结构依然是我国教学改革的重心,在实施整体改革和实验的策略中,课程的改革是关键。

合理的课程结构是指根据培养目标对各种内容、各种类型、各种形态的课程的科学安排以及按照一定的科学标准选择和组织起来的课程内容所具有的各种内部关系。它包括合理设置课程、合理确定各类课的比重和课程之间的联系以及课程内容的排列,等等。建立合理的课程结构既包括建立课程的整体结构,又包括建立课程的具体结构,前者是指课程体系的整体优化,后者是指对每种课程或每类课程的内容和形式安排的优化。

现阶段课程内容的更新首先要使课程适应时代和社会的要求,具体表现为适应世界科技发展的要求和我国建立社会主义市场经济的要求。对于前者,我们已经有了很好的研究基础,并已在教材中得到了初步的反应。但对于后者,课程内容尚显得十分陌生。建立社会主义市场经济已经成为我国社会经济生活的发展目标,因此,有关市场经济的理论和知识以及市场经济对人才素质要求的相关内容都必须及时地融入学校课程的内容体系之中,这将成为我国当前课程内容更新的一个重要热点。

现阶段课程内容的更新应特别注意以下两点:一是,协调好基础文化课程、劳动技术课程和职业课程之间的关系;二是,协调好内容要求的统一性与多样性的关系。当前课程形式的发展和丰富主要是围绕三个方面来进行。第一,有效地实现必修课、选修课和课外活动的结合。必修课要少而精,选修课要占有一定的位置,课外活动要得到一定的加强,使之更好地配合必修课和选修课的教学。第二,提高综合课程、活动课程和问题课程在课程体系中的

地位。学科课程一直是我国课程体系中占主导的形式，其优点是系统性和简约性，但它不利于吸收新学科、新知识，妨碍课程内容的更新，也不利于联系社会实际。而综合课程、活动课程和问题课程则可以较好地解决上述问题。第三，强化隐性课程对显性课程的积极作用。在实践中，隐性课程总是伴随着显性课程的，并对显性课程产生积极或消极的影响。要加强隐性课程的积极作用，必须尽可能地把它纳入有计划的教学内容中来，在课程方案和课程标准中要有这方面的提示，从而使两者相互补充、相互促进。

温故知新

教学是指学生在教师有目的、有计划的指导下，以掌握一定的课程和教材所包含的基础知识，基本技能为基本内容，以促进学生全面发展为目标的一种双边教育活动。教学是学校的中心工作，教学质量的高低直接影响着学校教育的质量和人才的质量，是关系到学校生存、发展乃至社会进步的重要问题。

教学过程是教师根据教学目的、教学任务和学生身心发展的规律，有计划地引导学生积极主动地掌握科学文化基础知识和基本技能，发展智力和体力，形成一定思想品德和心理品质的过程。教学过程是一个特殊的认识过程，一个促进学生身心全面发展的过程。教学规律是指教学过程中客观存在的，具有必然性、稳定性、普遍性的本质联系。

教学工作的基本环节主要包括备课、上课、学生作业布置与指导、课外辅导和学生成绩的评测等工作环节。教学原则是根据教育教学目的，并以教学规律为基础而制定的指导教学工作的基本要求，是在教学活动中必须遵循的基本行为规范。我国现阶段中小学常用的教学原则包括科学性和思想性相统一的原则、直观性和抽象性相统一的原则、理论联系实际的原则、启发性原则、循序渐进原则、统一要求与因材施教相结合的原则以及巩固性原则。

教学方法是为完成教学任务而采用的办法。我国中小学常用的基本教学方法主要有讲授法、谈话法、讨论法、练习法、演示法、参观法和实验法等。

教学组织形式是指为完成特定的教学任务，教师和学生按一定要求组合起来进行活动的结构。班级授课制是教学的基本组织形式。个别辅导、现场教学、小组教学是教学的是教学的辅助形式。复式教学是教学的特殊组织形式。

实施素质教育是我国当前教学改革的主题，坚持整体教学改革和实验是我国当前教学改革的基本策略，建立合理的课程结构是我国当前教育改革的重心。

【本章练习】

1. 教学的意义是什么？
2. 教学过程的实质是什么？
3. 为什么学生要以学习间接经验为主？
4. 构成教学活动的基本因素有哪些？各因素之间的关系是什么？
5. 如何理解教师的主导作用和学生的主题作业的关系？

第九章
学 校 德 育

【内容概要】

☆ 德育的含义
☆ 德育的意义
☆ 德育目标的含义
☆ 德育目标对德育活动的意义
☆ 我国学校德育的基本内容
☆ 德育过程的规律
☆ 我国中学德育的基本原则
☆ 德育的途径
☆ 德育的方法

第一节 德育概述

问题引入

人无德不立。如果说道德不是与生俱来的，那么道德从何而来？如何理解德育？德育能和道德教育画等号吗？德育究竟有什么意义？带着对这些问题的思考进入本节的学习。

一、德育的含义

自古以来，无论是在我国，还是在外国，人们都非常重视道德的培养，都非常重视德育。所谓德育，就是指教育者按照一定社会或阶级的要求，有目的、有计划、有系统地对受教育者施加政治、思想以及道德影响，并通过受教育者积极的认知、体验和实践，以形成良好的品德和自我修养能力的教育活动。这是在教育学范畴之内对德育的定义。

其实，教育学范畴的德育与伦理学范畴的德育含义不一样。伦理学上的德育侧重培育良好的行为规范和社会风尚，强调培养人的道德品质。教育学上的德育是和智育、美育并列的概念，其范围非常广泛，它包括培养学生的政治品质、思想品质以及道德品质。

德育有广义和狭义之分。广义的德育是指所有时空条件下对社会成员的德育。它包括社会德育、社区德育、学校德育以及家庭德育等方面。狭义的德育是指学校德育，是教育者(主要是学校教师)在特定的空间内(主要是学校)有目的、有计划、有组织地对受教育者(主要是学生)施加影响，并通过受教育者品德的内部矛盾运动，以使其形成教育者所期望的教育活动。另外，如果说广义的德育包括政治教育、思想教育、道德教育以及心理健康教育，那么狭义的德育就是指道德教育。

德育具有社会性、历史性、阶级性和民族性以及继承性等特征。其一，社会性，在人类社会的不同发展阶段,德育都和当时的社会环境紧密相关。其二,历史性,每一个历史阶段的德育内容各不相同。其三,阶级性和民族性,不同阶级和民族对德育的看法不尽相同。其四,继承性,虽然人类历史经历了很长一段时期,但德育的一些原理、原则、内容以及方法等得到了很好的继承和发展。

二、德育的意义

无论是对于群体来说,还是对于个体来说,德育都有着重要的意义。在我国,德育的意义主要表现在以下三个方面。

1. 德育是社会主义现代化建设的重要条件和保证

我国现在处于社会主义初级阶段。进行社会主义现代化建设是我国现阶段的根本任务。精神文明建设和物质文明建设是中国特色社会主义建设的两个重要方面。德育不仅是精神文明建设的重要组成部分,还贯穿于物质文明建设之中。

进入21世纪,科技发展日新月异,经济全球化不断深入。高素质的人才是一个国家在国际竞争中取得一席之地的重要保证。教育是育人的指南,它以培养人为目的。通过教育培养出来的人不仅要掌握丰富的文化知识、过硬的技术本领,还必须要具有正确的政治方向、良好的思想素质和道德品质。因此,德育在学校教育中具有重要地位。

青少年是我国社会主义现代化事业建设的接班人。从这点来看,学校德育具有重要的战略意义。对青少年开展德育,提升德育效果,将对我国未来的民族精神、社会风气以及社会主义现代化建设产生决定性的影响。

视野拓展

德育切不可"去中国化"

中国文化是世界诸伟大文化中唯一的非宗教性文化,梁漱溟先生称其"以道德代宗教"。你在文明中成长成人,人的准则就已经融入你的意识,无须解释,无须论证,你也不会质疑,只需要启发、培育、巩固、强化,使之成为中国人时刻审视自己思想言行的生命准绳。《论语》只讨论何谓君子,何谓小人,如何成为君子,并不探讨人何以一定要成为君子,并不论证人何以不能做小人。孟子将孔子思想凝练表述为人性本善,教化成人的哲学理念。

在一个人或长或短的人生中,人之为人的准则是通过长辈教诲、神话传说、寓言故事、民间戏剧等,悄然潜入头脑,终生难以磨灭,形成不虑而知、不学而能的良知。这就是中国人道德教育的来源。

当前道德建设的一个突出问题,就是道德教育的"去中国化":道德教育被纳入现代学科制度,也在不知不觉中离开了中国的优秀文化传统,成为传授有关伦理道德现象的科学知识教育。这是一种极为荒谬的现象:人是一切知识的创造者,有关人的教育即德育在知识层次上却大大低于经济学、农学等应用科学知识。更重要的是,有关伦理道德的本质与规律的科学知识可以用来解释伦理道德现象,却不能有效启发、培育、巩固、强化人内心中的人的准则。结果,我们在道德教育上投入大量精力,安排了很多课时,却普遍缺乏实际效果。

2. 德育是实现教育目的的重要条件和保证

教育是培养人的活动。《中华人民共和国宪法》规定："国家培养青年、少年、儿童在品德、智力、体质等方面全面发展。"人的德、智、体等方面相互联系、相互影响、相互制约、相互促进。它们构成一个辩证的统一体。离开德育的教育必定残缺不全。没有品德的个体注定无法在社会立足，无法获得持续的积极情绪体验。通过开展德育，可以促进青年、少年、儿童的品德发展，可以为实现教育目的提供持续的动力和有力的保证。

心语感悟

天下皆知美之为美，斯恶已；皆知善之为善，斯不善已。

——老子

3. 德育是促进青少年健康成长的重要条件和保证

一个人要获得全面的发展，必须接受全面的教育。德育在促进青少年全面发展的教育中起着重要的作用。

青少年正处于身心发展的人生重要时期。他们充满活力，对外界充满好奇和探索的欲望。然而，他们缺乏社会阅历和社会经验。虽然他们的可塑性强，但他们比较容易受到外界不良思想和行为的影响。如果不运用正确的思想和方法对他们进行教育，不增强他们明辨是非、调控行为的意识和能力，不增强他们的思想素质和道德品质，他们很有可能误入歧途，难以健康成长。因此，只有加强德育，才能更好地促进青少年健康成长。

三、德育目标

（一）德育目标的含义

教育有教育目标。德育有德育目标。所谓德育目标，是指通过德育活动的开展使得受教育者在品德形成和发展上所要达到的总体规格要求。也就是说，德育目标是德育活动所要达到的预期目的或结果的质量标准。德育目标是德育工作的出发点。社会发展需要、民族文化传统、国家教育方针、受教育者身心发展规律等都是制定德育目标的主要依据。

（二）德育目标对德育活动的功能

德育目标既是整个德育活动的出发点，又是德育活动的落脚点。它决定着德育的内容和形式，也影响着整个德育过程。具体来说，德育目标对德育活动的功能表现为导向功能、选择功能、激励功能、协调功能以及控制和评价功能。

1. 导向功能

目标具有导向性。德育目标规定了德育活动的方向。只有按照规定方向开展的德育活动，才能实现德育目标，才能避免和克服因为"南辕北辙"带来的消极影响。德育活动是在德育目标指引下完成的活动。依据德育目标，可评价德育活动的效果。

2. 选择功能

德育目标和德育活动的内容、形式有着密切的联系。前者决定后者。确定什么样的德育目标决定着选择什么样的德育活动内容或德育活动形式。例如,榜样示范法比较适合引导青少年树立正确的人生观、世界观。锻炼法比较适合培养青少年的行为习惯。

心语感悟

不戚戚于贫贱,不汲汲于富贵。

——陶渊明

3. 激励功能

需要产生动机。动机激发行为目标。如果确立了明确的德育目标,无论是教育者,还是受教育者,都将逐渐被德育目标所吸引,并主动参与德育活动中,从而提高德育活动的效率,强化德育活动的效果。

4. 协调功能

没有德育目标的德育活动势必犹如一盘散沙,毫无凝聚力可言。只有确立清晰的德育目标,才能协调学校、家庭以及社会等教育力量,才能促使这些教育力量心往一处想、劲往一处使,才有可能汇聚成一股强大的教育合力。

5. 调控和评价功能

说德育目标具有控制功能,是因为教育者往往通过既定的德育目标来调控德育活动,来改善教育者和受教育者之间的关系,并以此增强德育活动的影响。说德育目标具有评价功能,是因为教育者可以依据德育目标来评价德育活动的效果和受教育者受影响的情况。

四、我国学校德育的基本内容

各个国家学校德育侧重的内容各有不同。对于我国来说,政治教育、思想教育、道德教育、法纪教育以及心理健康教育是我国学校德育的基本内容。

(一)政治教育

政治是一定阶级、政党或社会集团建立自己统治和维护自己统治的活动,是各个阶级、政党、社会集团处理国内与国际、民族与民族、阶级与阶级、政党与政党之间关系的活动。①所谓政治教育,是指教育者按照国家的政治观和一般社会要求对受教育者进行的系统教育。我国政治教育的主要内容包括马克思主义基本理论教育、阶级教育以及社会科学教育等。

(二)思想教育

思想是人脑对客观现实的反映。所谓思想教育,是指有关人生观、世界观,以及相应思想观念方面的教育。我国思想教育的主要内容包括世界观和人生观教育、理想教育、传统教育、劳动教育、纪律教育等。

---

① 赵明.新编思想政治教育学[M].济南:黄河出版社,2008,60.

台湾和大陆学校传统文化教育的做法①

我国台湾地区 60 多年来在高中课程中一直安排《中国文化基础教材》科目，与《高中语文》并列，属于必修科目，并编有教科书，内容主要涵盖儒家的传统经典——四书。在台湾《语文课程纲要》中，也明确将“体认中华文化的精髓”作为其语文教育的基本理念。

目前，大陆一些小学开展了经典诵读，也有一些学校编写了诵读教材，但大多停留在诗词诵读层面，且主要还是从纯国学的角度来选取内容，内涵比较单一。在高中阶段，一些学校开展的经典导读活动，也主要是作为语文教学的辅助。针对义务教育阶段开展的国学经典教育研究，目前更是一个薄弱环节，专门为初中生学习国学经典而写书、做讲座的鲜有所见，尤其是针对中学生道德素养实际需要而编写国学与道德教育结合的读本极为少见。

（三）道德教育

道德是一种社会意识形态，它以文明为方向。所谓道德教育，是指注重受教育者良好个性的塑造和培养的教育。我国道德教育的主要内容包括道德知识学习、传统美德教育、审美情操教育以及社会公德教育等。

公德教育，不可放松②

近年来，各地越来越重视社会主义核心价值观的宣传和弘扬，道德教育进入千家万户，文明之风吹拂大街小巷。但是，难免还有少数人存在“事不关己，高高挂起”的思想，导致我们还会不时看到或听到诸如“老人摔倒没人扶”“路遇不平无人助”等“负能量”新闻。不过，这些毕竟只是每天数以万计的新闻报道中的极少数，我们不应该刻意放大，甚至以偏概全。

当然，这些事件也表明公民道德教育，正如逆水行舟，不可放松。如果稍加松懈，或者盲目乐观，一些不良风气就有可能死灰复燃。因此，在道德建设上，我们必须时时保持警醒的头脑、思危的心态。一方面，各级党委、政府要大力培育和倡导社会主义核心价值观，并以群众喜闻乐见的方式，努力营造良好的社会氛围；另一方面，每个人都应该自觉树立尚德、重德的理念，并付诸实践。

（四）法纪教育

法纪教育是我国学校德育的重要内容。中学生处于树立法纪意识、形成法纪观念的重要阶段，因此，在中学阶段对学生进行法纪教育具有特殊意义。所谓法纪教育，是指对受教育者进行有计划、有组织、有目的的法制教育和纪律规范教育的社会实践活动。其目的是提

---

① 摘自《台湾和大陆学校传统文化教育的做法》，绍兴晚报，2015-05-06(08).

② 摘自《公德教育，不可放松》，浙江日报，2015-02-06(15).

高受教育者的法纪认知水平，培养受教育者的良好法纪情感，促使受教育者自觉实践法纪规范。

从法律与政治的关系来看，政治教育是法纪教育的最高层次，法纪教育是政治教育的重要保证。从法律和道德的关系来看，法律意识和道德观念具有同一属性而相互联系，且二者调控的范围有所重叠而相互包容。因此，既要坚持“依法治国”，又要坚持“以德治国”。

（五）心理健康教育

每一个人不仅需要健康的身体，也需要健康的心理。所谓心理健康教育，是指通过对受教育者进行心理健康知识的训练，培养良好的心理素质，预防心理疾病的发生，促进身心和谐发展的教育活动。我国学校心理健康教育的主要内容包括学习辅导、生活辅导以及择业指导。

我国学校心理健康教育的基本任务有以下三个。

（1）对于大多数心理健康的学生来说，心理健康教育的任务是培养良好的心理素质，预防心理疾病的发生，促进学生身心和谐发展和人格的完善。

（2）对于有心理问题的学生来说，心理健康教育的任务是通过咨询和辅导，帮助学生分析、应对心理问题，保持心理健康。

（3）对于有心理疾病的学生来说，心理健康教育的任务是开展心理咨询和心理治疗，帮助学生恢复心理健康。

视野拓展

心理健康睡得更香①

3 月 21 日是世界睡眠日。中国睡眠研究会将今年睡眠日的主题确定为“健康心理，良好睡眠”。虽然影响睡眠的因素众多，但心理问题所占的比重更大。评价个人心理健康有四个维度。一是认知维度，即拥有敏捷清晰的思路，积极向上的思维内容，以及严谨的思维逻辑。二是情感维度，要有大爱无疆的仁慈之心。三是行为维度，要有坚韧合理的行为表现。四是人格魅力，综合前三种维度后，形成自己精神活动的风格，即独特的人格魅力。健康心理使人能应对复杂情况，并不断提升人格魅力，拥有健康心理的人睡得更香。

第二节　德 育 过 程

问题引入

李德今年读初二，是许多老师眼里的“叛逆学生”。李德认为，德育就是空洞的说教，就

① 摘自《心理健康睡得更香》，北京晚报，2015-03-18(50).

是对着他说大道理，根本没有什么效果。你如何看李德说的话？在德育的过程中，要如何做到知、情、意、行的统一？带着对这些问题的思考进入本节的学习。

一、德育过程的含义

德育活动需要经历一个过程。所谓德育过程，是指教育者依据德育目标对受教育者施加德育影响的过程。这个过程是社会化的过程，是促使受教育者道德认识、道德情感、道德意志和道德行为发展的过程。

德育过程与品德形成过程既相互联系又相互区别。从二者之间的联系来看，德育过程和品德形成过程相互影响、相互促进。德育过程可以促进品德的形成。反之，品德形成过程也可以促进德育过程。从二者之间的区别来看，德育过程是教育者施加影响、受教育者接受影响的过程，偏重教育者和受教育者之间的互动，而品德形成过程属于个人的发展过程，不强调教育者的影响。

心语感悟

道之以德，齐之以礼，有耻且格。

——孔子

二、德育过程的结构

所谓德育过程的结构，是指德育过程中不同要素的组合方式。德育过程的结构一般由教育者、受教育者、德育内容以及德育方法构成。这四个要素相互影响、相互制约。

首先，教育者。教育者既是德育过程的领导者和组织者，又是社会要求和思想道德的体现者。教育者在德育过程中起主导地位。教育者决定着德育目标的确立、德育内容的选择以及德育方法的运用等。

其次，受教育者。和教育者一样，受教育者既可以是群体，又可以是个体。在德育过程中，受教育者既是德育的客体，又是德育的主体。如果针对教育者来说，受教育者接受教育者的影响，成为德育的对象，那么受教育者就是德育的客体。如果针对受教育者自身来说，受教育者进行自我德育或对其他受教育者产生影响，那么受教育者就是德育的主体。

再次，德育内容。所谓德育内容，是指教育者根据德育目标选择的用以对受教育者施加影响的客体。德育内容是德育目标的具体表现，是受教育者需要不断学习和深入实践的内容。

视野拓展

思想道德教育：灌输与浸润[①]

教师对学生进行思想道德教育，主要是通过课程讲授、专题讲座、会议宣讲等，开展教育

① 摘自《思想道德教育：灌输与浸润》，南充晚报，2015-03-22(A8).

宣传工作。例如,当前提倡对学生进行社会主义核心价值观教育、中华优秀传统文化教育,如果学生连社会主义核心价值观的基本内容、确切的含义都不了解,对什么是中华优秀传统文化、中华优秀传统文化具体有哪些内容等问题都没有搞清楚,那么学生怎么去弘扬社会主义核心价值观呢?又怎么去传承中华优秀传统文化呢?

如果"灌输"式教育仅是照本宣科,流于形式,不能使学生入脑入心,并自觉付诸行动,那么,这样的教育是不够的。在思想道德教育中,还必须进行"浸润"式教育,结合学生的生活和思想实际,寓教育于无声中、无形中、无意中,寓教育于和风细雨中、点滴润泽中,促进学生良好思想道德渐进式的潜滋暗长。

"浸润"就是渐渐渗入,慢慢溶入其中,在不知不觉中发生影响作用的意思。思想道德教育中,采取"浸润"式教育手段和方法,可以更好地使学生在无形无痕的状况下受到教育,逐渐养成良好的思想道德意识和行为。对以社会主义核心价值观和中华优秀传统文化为内容的思想道德教育,需要探索多种多样的"浸润"式手段和方法。例如,可以通过班主题会议、课外实践活动、"争做好人好事"活动等渠道,利用广播、电视、报纸等媒体,采用外出参观、社会调查、名人访谈等方式,使学生在生动活泼的各种活动中,在日常生活正能量的耳濡目染中,受到启迪,有所领悟,自然地做出正确的判断和行动,提高其思想道德水平。

最后,德育方法。所谓德育方法,是德育过程中教育者和受教育者发生相互作用的方法。借助德育方法,教育者可以较好地将德育内容作用于受教育者,受教育者可以学习、实践德育内容,从而促进自身发展。

三、德育过程的矛盾

事物总是充满矛盾并在矛盾中发展的。所谓德育过程的矛盾,是指德育过程中各要素之间和各要素内部各方面之间的对立统一关系。德育过程的矛盾既包括教育者与受教育者的矛盾,又包括教育者与德育内容、德育方法的矛盾,还包括受教育者与德育内容、德育方法的矛盾等。

社会通过教师向学生提出的道德要求与学生已有品德水平之间的矛盾是德育过程中最一般、最普遍的矛盾,也是决定德育过程本质的特殊矛盾。要解决这个矛盾,需要在教育者和受教育者之间建立良好的关系,需要教育者引导受教育者从已有的品德水平提升至预期的品德水平。

四、德育过程的规律

(一)内部矛盾不断转化的规律

矛盾是发展的动力。对于德育过程来说,它既是社会道德向个体品德内化的过程,又是个体品德向社会道德行为外化的过程。无论是内化过程,还是外化过程,抑或是内化与外化相碰撞的过程,都必然伴随着矛盾的存在。对于受教育者来说,教育者是外因,受教育者是内因。教育者必须积极创造和利用外因,使受教育者朝着预期的方向发展。

同时,他育和自我教育既是一对矛盾,又统一于德育过程之中。教育者在改进德育方法、提升德育水平的同时,还应指导受教育者不断增强自我教育的能力。只有注重自我教育能力的培养，才能真正实现“教是为了不教”的目的。

心语感悟

假如一个人尽想着“我办不到”，那他果然就会办不到。

——车尔尼雪夫斯基

（二）思想品德形成的长期性和反复性规律

德育过程是一个长期的过程。个体良好思想品德的形成与提高、不良品德的克服，不是短时期内可以完成的事情。这是一个反复教育、反复实践的长期过程。个体对自身、对他人、对世界的认识和理解需要花费一生去完成。

青少年的思想品德容易受到来自外界的影响，容易被新奇现象所吸引。其道德行为习惯的培养需要长期养成、不断实践。对此，教育者切不可操之过急，而应把握青少年的身心发展规律，循序渐进地指导他们培养良好的思想品德。

（三）在活动和交往中形成思想品德的规律

人是社会性的动物。个体的社会化只有在和其他个体或群体的交往活动中才能完成。同样，青少年的思想品德也是在交往活动中形成的。只有积极参与社会交往活动之中，才能促使青少年逐步形成和发展良好思想品德，才能在社会交往活动中不断检验内化的个人品德。因此，教育者必须高度重视社会交往活动在德育过程中的重要地位。

德育过程具有社会性。青少年思想品德的形成和发展受到学校、家庭、社会等因素的影响。离开社会生活的德育必定是空洞的毫无效果可言的德育。同时，德育过程具有可控性。德育是有目的、有计划、有组织的系统工程。教育者可以根据实际情况调控影响因素，使受教育者朝着更加有利的方向发展。

在学校德育过程中，交往活动主要具有三个方面的特点。第一，学习是主要交往活动，教师和同学是主要交往对象。第二，具有科学性、组织性以及有效性。按照规律组织开展交往活动，可以更为有效地促进青少年良好思想品德的形成。第三，具有目的性和引导性。青少年的交往活动往往是在既定德育目的的指导下在教育者的积极引导下开展起来的。

（四）知、情、意、行协调发展的规律

“晓之以理、动之以情、持之以恒、导之以行”，是德育过程中非常适用的四个短语。知、情、意、行是构成思想品德的四个基本要素。这四个因素既相对独立，又是相互联系。

知，即道德认识。它是个体对是非、善恶、美丑的认识、判断和评价，是个体对道德规范及其意义的理解和掌握。道德认识直接关系到道德识辨能力。它是个体对客观事物的主观态度和行为准则的内在依据。

情，即道德情感。它是个体进行道德判断时产生的爱憎、好恶等内心体验。道德情感以道德认识为基础，并对道德认识起着激励作用。教育者只有不断激发受教育者积极的道德情感，才能提升其道德意志，从而不断实践道德行为。

意，即道德意志。它是个体为实现道德行为所做的自觉努力，是个体通过理智权衡和解

决思想道德生活中的内心矛盾以及支配行为的力量。道德意志的主要表现为用理智战胜私欲、用坚持战胜动摇、用果断战胜犹豫以及排除干扰、坚持道德行为等。

行，即道德行为。它是个体在行动上对他人、社会以及自然等所做出的行为反应，是个体道德认识和道德情感的外部表现。道德行为既包括一般的行为，又包括经过多次练习习得的道德行为习惯。

知、情、意、行这四个基本要素相互作用。其中，知是基础，行是关键。在德育过程中，并不一定遵守知、情、意、行的一般培养顺序，而是具有多个开端。根据受教育者的实际情况，可以从知、情、意、行任何一端开始德育过程，并最终促使受教育者知、情、意、行协调发展。对德育过程的一般顺序，可以概括为提高道德认识、陶冶品德情操、锻炼品德意志和培养品德行为习惯。

第三节　德育原则

问题引入

卢思是高二(1)班的班主任。她对班上同学的要求非常严格，除了吃喝拉撒睡，她恨不得每时每刻都监督着大家学习。许多同学暗地给她取了难听的外号，她知道后，非常难过。她不明白，这到底是因为什么？问题出在哪儿呢？严格要求学生有什么不好吗？带着对这些问题的思考进入本节的学习。

一、德育原则的含义

无规矩不成方圆。德育必须遵循一定的原则。所谓德育原则，是指根据教育目的、德育目标以及德育过程规律提出来的用以指导德育的基本要求。也就是说，德育原则是对德育检验的高度概括，是德育过程规律的反映。它对制定德育大纲、选择德育内容、运用德育方法等具有指导作用。

明确并遵循德育原则，对有效开展德育、提升德育质量具有重要意义。作为教育者，必须在德育过程中始终严格遵循德育原则，不断提升德育的效果。

二、我国中学德育的基本原则

（一）导向性原则

所谓导向性原则，是指教育者在开展德育的时候必须把握理想性和方向性，以指导受教育者向正确的方向发展。青少年是品德形成和发展的关键时期。他们容易受外界的影响，具有较大的可塑性。如果不遵循德育的导向性原则，就很容易使得青少年误入歧途，很容易使他们习得不良的品德。

德育的导向性原则有以下三个基本要求。

(1) 坚持正确的政治方向。德育带有政治色彩,德育需要为政治服务。只有坚定正确的政治方向,才能确保德育的方向不偏离。

(2) 符合新时期的方针政策和总任务的要求。时代在不断发展。每个时期的德育目标必须和当时的时代发展和社会需求相吻合。

(3) 现实性和理想性相结合。德育在从实际生活出发、从受教育者的身心发展状况出发的同时,必须确立科学的德育目标。

(二) 疏导性原则

所谓疏导性原则,是指教育者在进行德育的过程中必须循循善诱,必须做到以理服人、以情动人,切不可命令、强制。对于中学生来说,尤其是初中生,正处于青春叛逆期。如果教育者不注重德育的方式、方法,即使出发点是好的,也会导致难以预料的可怕后果。

心语感悟

夫子循循然善诱人,博我以文,约我以礼,欲罢不能。

——颜回

德育的疏导性原则有以下三个基本要求。

(1) 阐明道理,疏通思想。德育不是填鸭式的灌输。它需要教育者开展无微不至的思想工作。如果受教育者道德认识出现了偏颇,道德行为出现了过失,那么就更加需要教育者耐心、细致地开展工作。

(2) 以激励为主,坚持正面教育。青少年的成长需要不断的激励。对于所谓的"问题学生",教育者更应该发现他们的闪光点,多肯定、少否定,引导他们逐步纠正自己的错误认识和不良行为。

(3) 因势利导,循循善诱。教育者在德育过程中必须抓住一切教育机会,充分利用各种教育因素,引导受教育者加深对自身的认识,引导他们积极参加各种交往活动,并在活动中养成良好的道德行为习惯。

心语感悟

要尽量多地要求一个人,也要尽可能多地尊重一个人。

——马卡连柯

(三) 连贯性原则

所谓连贯性原则,是指教育者在进行德育的过程中,要有目的、有计划地组织、调节来自各方面的教育影响,使得这些影响相互配合、协调一致、前后连贯地进行,从而保障受教育者按德育目标的要求发展。德育的连贯性原则强调德育的整体性和系统性。

德育的连贯性原则有以下三个基本要求。

1. 统一学校内部的教育力量

学校处处皆育人。教室、操场、活动室等场所都可以成为德育的场所。对此,教育者要善于调动和统一学校内部各方面的教育力量。

2. 协调社会各方面的教育力量

很多时候,社会影响远大于学校影响。教育者必须协调社会各方面的教育力量,对受教育者施以连贯性、一致性的影响。

3. 有计划、有系统地开展德育

德育是一个长期的系统工程。急功近利、任意而为不是德育工作者该有的态度。教育者必须围绕德育目标制定系统的德育活动计划。

(四) 因材施教的原则

时代在发展,"材"在变化,"教"也不断变化。所谓因材施教的原则,是指教育者要从受教育者的思想认识和品德发展的实际情况出发,根据他们的个性差异和年龄特征进行不同的教育。

德育的因材施教原则有以下三个基本要求。

(1) 深入了解受教育者的个性特点和心理需求。要因材施教,首先必须了解不同的"材"。教育者必须深入了解受教育者属于何种个性、该个性有哪些特点,必须了解受教育者的心理需求。

(2) 根据受教育者的年龄特征有计划地开展德育。不同年龄段的受教育者会表现出不同的心理特点。初中生和高中生的身心发展特征就有很大的差别。对此,教育者必须根据这些特征,有计划地对受教育者开展德育。

(3) 根据受教育者的个人特点有的放矢地开展德育。在深入了解受教育者的个人特点之后,教育者要在充分尊重受教育者的基础上,灵活运用德育方法,综合各种教育力量,有的放矢地开展德育。

心语感悟

视其所以,观其所由,察其所安。

——孔子

(五) 尊重和严格要求相结合的原则

每一个个体都有尊重的需求,即使对未成年人的青少年,他们同样渴望被尊重、被理解。所谓尊重和严格要求相结合的原则,是指进行德育要把对受教育者个体的尊重和对思想、行为的严格要求结合起来,使社会道德要求内化为品德,品德再外化为行为。

德育的尊重和严格要求相结合的原则有以下三个基本要求。

(1) 懂得爱护、尊重和信赖。德育是爱的教育。教育者不能因为自身角色而产生居高临下的感觉。只有懂得爱护、尊重和信赖受教育者,才能确保德育的效果,才能使受教育者发自内心地接受来自教育者的影响。

(2) 要求合理、正确、明确、具体、严宽适度。作为受教育者的青少年，非常需要成年人的引导。如果对他们提出的要求太含糊、太严厉或太宽松，都不利于他们良好品德的养成，不利于他们的健康成长。

(3) 要求受教育者认真完成任务。对教育者给出的道德训练任务，教育者必须严格要求受教育者认真完成。如果受教育者中途放弃，或者随意对待，那么教育者必须及时出面干预，帮助受教育者分析并克服自身不足的方面。

(六) 集体教育与个别教育相结合的原则

集体的力量是巨大的。所谓集体教育和个别教育相结合的原则，是指教育者在德育过程中既要通过集体的力量来影响个人，又要通过个人的影响来促进集体的形成和发展。

德育的集体教育和个别教育相结合的原则有以下三个基本要求。

1. 培养优秀的班集体

对于学校德育来说，班集体的影响必须引起教育者的高度重视。教育者要善于调动班级学生的积极性，一起参与良好班风的营造、优秀班集体的培养。

2. 发挥班集体的教育作用

班集体对班级学生个体的影响往往是潜移默化的。对此，教育者应该通过开展各种班级活动来充分发挥班集体对班级学生的教育作用，从而增强德育的效果。

3. 发挥个人对集体的影响

教育者要善于在班级中培养典型人物，强化典型人物的示范作用。在开展个别教育的过程中，教育者要把学生个体引导到班级活动中来，让他们在交往活动中学习良好的品德和行为。

心语感悟

教育了集体，团结了集体，加强了集体以后。集体自身就能成为很大的教育力量了。

——马卡连柯

第四节 德育途径和方法

问题引入

吴强是初一(4)班班主任。他发现，有时他说服学生改变行为很成功，有时却很艰难。尽管他拿出自己的部分工资作为班级活动的奖励，但成效并不尽如人意。这到底是因为什么呢？德育的途径和方法究竟有哪些？带着对这些问题的思考一起进入本节的学习。

一、德育途径

德育的开展必须借助一定的途径,运用一定的方法。所谓德育途径,指德育的实施形式或实施渠道。我国学校德育的主要途径包括政治课与其他学科教学、劳动、课外活动与校外活动、少先队和共青团活动以及班主任工作等。

(一)政治课和其他学科教学

政治课与其他学科教学是学校有目的、有计划、有系统地对学生进行德育的基本途径。通过政治课与其他学科教学,可以系统传授科学文化知识。无论何种学科教学,其教学内容、教学形式、教学方法都包含着德育的因素。教育者要善于发掘这些德育因素,使得德育和学科教学有机结合起来。

(二)劳动

劳动者是最光荣的人。劳动可以丰富学生的道德情感,可以强化学生的道德意志,可以改进学生的道德行为。劳动需要分工合作。在分工合作中,学生可以体验到积极的情感,感受集体的温暖。通过劳动,学生可以亲身体会其中的滋味,从而培养自己勤俭、朴实、艰苦、顽强等品德。

(三)课外活动和校外活动

课外活动和校外活动是学校德育的重要途径。学校可以根据自己的个性特点、兴趣爱好自主参加各种活动。教育者必须有计划地组织开展适合学生年龄特征和个性特征的活动,积极引导学生在活动中认识自己并挖掘自己的潜能。通过丰富多彩的活动,有助于培养道德判断能力和促进互助友爱、团结合作、责任感等良好品德的形成。

(四)少先队和共青团活动

少先队是中国共产党委托共青团领导的少年儿童的群众组织,是少年儿童学习共产主义的学校。共青团是中国共产党领导的中国先进青年的群众组织,是青年学习共产主义的学校。无论是少先队,还是共青团,都以马克思主义基本思想、社会主义道德规范和共产主义理想教育自己的成员,并团结广大青少年一起前进。积极参加少先队、共青团的活动,有助于增强学生的组织性、纪律性以及政治性等。

(五)班主任工作

班主任在学生、班级、学校等关系中起着重要的作用。良好班集体氛围的营造、集体教育的开展等都离不开班主任工作。班主任要开展班级德育工作,必须全面深入地了解、研究班级每一个学生,并取得学生家长的积极配合,共同对学生进行教育。班主任要把集体教育和个别教育结合起来,提升教育的合力。

班主任工作五大“心”法[①]

对工作满怀热心。要当好班主任，必须对工作有热情，充满激情，这样才能不断思考如何教好书、育好人，才能在工作中体会到乐趣。我们不是要选择自己喜欢的，而是要喜欢自己所选择的。

对学生充满爱心。有人说：没有爱就没有教育，没有爱就没有责任感。爱心能给学生送去温暖，能溶解师生之间的冰雪，是班主任走进学生内心的法宝。

日常工作要细心。班主任在日常工作中要处处留心，做有心人，对全班同学细心观察和了解。只有细心注意自己的学生才能真正地了解他们，正确引导他们。工作中细心就能及时发现问题，防微杜渐，避免事态扩大，就能帮助我们全面分析问题和正确处理问题，还能够提高工作效率，避免出差错。

管理学生有公平心。一个班集体，好、中、差生都有。如果作为班主任只重视好的一些学生，而鄙视“差”生的话，那么班级工作就一定做不好。班主任应公平民主处事，温和热情，乐学生所乐，急学生所急，每一个学生都能感受到班主任对自己的关心，那么，学生的学习的积极性和班级的凝聚力就会大大增加。

对待学生有责任心。作为班主任，一定要抱着一颗责任心，经常深入学生，了解关心每一位学生，及时掌握学生的思想动态，通过日常的学习和工作等各项活动，在思想上进行针对性的教育和引导，帮助学生们树立各种正确的观念。

二、德育方法

所谓德育方法，是指为了实现德育目标在德育过程中采用的教育者和受教育者相互作用的活动方式的总和。说服法、榜样法、锻炼法、陶冶法以及品德评价法等是比较常见的德育方法。

（一）说服法

所谓说服法，就是通过摆事实、讲道理等使受教育者提高认识、形成正确观点的方法。说服法是改善受教育者道德认识的重要方法。

运用说服法时要注意以下几点要求。

1. 明确目的性

在运用说服法之前，要充分了解受教育者的个性特点和年龄特征，要明确说服的目的，要避免话语冗长、不切实际。

2. 富有知识性

说服要针对受教育者已有的道德认识水平，要让受教育者在新旧认知的碰撞中受到启

① 摘自《班主任工作五大“心”法》，张家界日报，2015-01-16(03).

发、获得提升。

3. 富有趣味性

教育者在运用说服法的时候，要选用受教育者喜闻乐见的内容进行说服，要使说服的方式生动有趣。

4. 注意时机

说服要把握时机。说服内容和方式再好，倘若不把握时机，也会使得说服事倍功半。只有把握时机，才能引发受教育者的情感共鸣。

5. 诚恳待人

教育者在说服受教育者的时候，绝对不能盛气凌人、高高在上。教育者必须建立和受教育者之间的平等关系，充分尊重受教育者，诚恳对待每一个个体。

（二）榜样法

所谓榜样法，是指教育者通过他人的高尚思想、模范行为以及卓越成绩等来对受教育者施加影响，引导和促进受教育者品德发展的方法。榜样法可以很好地激发受教育者的道德情感，强化受教育者的道德行为。

运用榜样法时要注意以下几点要求。

1. 选择榜样

对榜样人物的选择是受教育者学习榜样的重要前提。教育者选择的榜样应尽可能地贴近受教育者的日常生活和心理感受。

2. 激发受教育者对榜样的道德情感

榜样的力量是无穷的。教育者要引导受教育者走近榜样、了解榜样，让他们对榜样产生良好的道德情感。

3. 引导受教育者用榜样来调节行为

通过榜样法，积极引导受教育者结合自身实际情况汲取榜样传达的力量，把敬佩之情转化为道德行为，并形成良好的道德行为习惯。

（三）锻炼法

所谓锻炼法，是指教育者有目的、有计划地组织受教育者参加各种活动，并在活动中形成和发展良好品德的方法。

运用锻炼法时要注意以下几点要求。

1. 调动积极性

受教育者只有积极、主动地参与活动之中，才能得到更大的发展。为此，教育者必须尽可能地调动受教育者的积极性和主动性。

2. 严格要求

锻炼不是一天两天可以完成的事情，它需要日积月累。为此，教育者在运用锻炼法的时候必须坚持对受教育者的严格要求。

3. 注重检查和坚持

根据受教育者的身心发展特点，教育者要引导受教育者反思和检查在锻炼品德的过程中出现的各种问题，鼓励他们坚持下去。

（四）陶冶法

所谓陶冶法，是指教育者通过创设良好的教育情境和氛围，对受教育者的思想品德进行潜移默化影响的方法。陶冶法没有强制性措施，也难以有立竿见影的效果，但陶冶法对个体的影响是深远而长期的。人格感化、环境陶冶以及艺术陶冶等都是陶冶法的具体运用。

运用陶冶法时要注意以下几点要求。

1. 注重良好的情境

良好的情境是运用陶冶法的条件和工具。校园环境的建设、班级范围的营造、教室魅力的树立等都有助于创设良好的情境。

2. 与说服法相结合

教育者在运用陶冶法的时候往往会结合说服法，从而达到更好的教育效果。有些受教育者因为自身特点的影响难以接收到情境的信息，这时，就需要教育者适当地采取说服教育。

3. 引导受教育者参与情境的创设

教育者不能单方面地创设教育情境。受教育者具有无限的潜能。教育者应该不断激发受教育者的积极性和参与热情，引导他们主动参与情境的创设之中，不断接受情境的影响。

（五）品德评价法

所谓品德评价法，是指教育者通过对受教育者思想品德给予肯定或否定的评价来培养受教育者思想品德的方法。奖励、惩罚、评比、以及操行评定等都是品德评价法的具体运用。

运用品德评价法时要注意以下几点要求。

1. 从实际出发

品德评价要从受教育者的实际情况出发，充分考虑不同个体的理解能力和承受能力，并对受教育者对各种评价的反应做出预见。根据受教育者对品德评价的反馈，要及时调整评价策略。

2. 针对性强

品德评价必须有明确的目的，有较强的针对性。教育者在进行品德评价的过程中，不仅要针对受教育者的成绩、缺点或错误，更要针对结果背后的思想过程和行为方式。

3. 公正合理

教育者对受教育者的品德评价要公正合理、实事求是。既要使得被评价的学生个体接受评价结果，又要使得其他学生个体保持对评价的认可和支持。教育者必须根据个人的喜好评价他人，要制定科学的评价标准。

4. 发扬民主

品德评价的方式有很多。教育者要注重把个人评价和集体评价相结合、他人评价和自我评价相结合。要调动受教育者参与评价的积极性，主动参与关系自身发展的评价之中。

温故知新

德育有广义的和狭义的之分。广义的德育是指所有时空条件下对社会成员的德育。狭义的德育是指学校德育。德育具有社会性、历史性、阶级性和民族性以及继承性等特征。

德育是社会主义现代化建设的重要条件和保证，是实现教育目的的重要条件和保证，是促进青少年健康成长的重要条件和保证。德育目标是通过德育活动的开展使得受教育者在品德形成和发展上所要达到的总体规格要求。德育目标对德育活动的功能表现为导向功能、选择功能、激励功能、协调功能以及控制和评价功能。政治教育、思想教育、道德教育以及心理健康教育是我国学校德育的基本内容。

德育过程是指教育者依据德育目标对受教育者施加德育影响的过程。德育过程的结构一般由教育者、受教育者、德育内容以及德育方法构成。德育过程的矛盾既包括教育者与受教育者的矛盾，又包括教育者与德育内容、德育方法的矛盾，还包括受教育者与德育内容、德育方法的矛盾等。德育过程的规律包括内部矛盾不断转化的规律、思想品德形成的长期性和反复性规律、在交往活动中形成思想品德的规律以及知、情、意、行协调发展的规律。

德育原则是根据教育目的、德育目标以及德育过程规律提出来的用以指导德育的基本要求。我国中学德育的基本原则包括导向性原则、疏导性原则、连贯性原则、因材施教的原则、尊重和严格要求相结合的原则、集体教育与个别教育相结合的原则。

德育途径是德育的实施形式或实施渠道。我国学校德育的主要途径包括政治课与其他学科教学、劳动、课外活动与校外活动、少先队和共青团活动以及班主任工作等。德育方法是为了实现德育目标在德育过程中采用的教育者和受教育者相互作用的活动方式的总和。说服法、榜样法、锻炼法、陶冶法以及品德评价法等是比较常见的德育方法。

【本章练习】

1. 我国中学德育的基本原则包括哪些？
2. 在德育工作中，怎样运用奖励和处罚？
3. 简述心理健康教育的基本任务。
4. 论述德育过程是对学生知、情、意、行的培养和提高过程。

参考文献

[1] 孙俊三.教育原理[M].长沙:中南大学出版社,2006.
[2] 霍秉坤,于泽元,徐慧璇.课程与教学:研究与实践的旅程[M].重庆:重庆大学出版社,2008.
[3] 宋秋前,陈宏祖.教育学[M].杭州:浙江大学出版社,2010.
[4] 胡金平.中外教育史纲[M].南京:南京师范大学出版社,2001.
[5] 马凤芹,杨国欣.教育学[M].北京:中国书籍出版社,2012.
[6] 王萍.现代教育学[M].济南:山东教育出版社,2012.
[7] 任平.现代教育学概论[M].广州:暨南大学出版社,2013.
[8] 俞敏洪.什么是教育[N].北京晚报,2014-07-15.
[9] 约翰·杜威.民主主义与教育[M].王承绪译.北京:人民教育出版社,1990.
[10] 颜泽贤,张铁明.教育系统论[M].开封:河南教育出版社,1991.
[11] [德]雅斯贝尔斯.现时代的人[M].周晓亮,宋祖良,译.北京:社会科学文献出版社,1992.
[12] 吴季松.知识经济21世纪社会的新趋势[M].北京:北京科学技术出版社,1998.
[13] 袁振国.当代教育学[M].北京:教育科学出版社,1998.
[14] 王道俊,王汉澜.教育学[M].北京:人民教育出版社,1999.
[15] 欧新民.学前儿童健康教育[M].北京:教育科学出版社,2003.
[16] 石淑华.儿童保健学[M].2版.北京:人民卫生出版社,2007.
[17] 季成叶.儿童少年卫生学[M].6版.北京:人民卫生出版社,2008.
[18] 全国十二所重点师范大学联合编写.教育学基础[M].2版.北京:教育科学出版社,2008.
[19] 全国十二所重点师范大学联合编写.心理学基础[M].2版.北京:教育科学出版社,2008.
[20] 尹力.全国硕士研究生入学统一考试-教育学专业基础综合考试大纲解析[M].北京:高等教育出版社,2010.
[21] 傅建明,李勇.教育学基础[M].北京:高等教育出版社,2011.
[22] 季成叶.如何看待中日学生身高差值(一)[J].中国学校卫生,2000,(4):156-157.
[23] 吴氏颖.外国教育史教程[M].北京:人民教育出版社,1999.
[24] 陈劳志,赵慧君.教育学概论[M].长春:东北师范大学出版社,2000.
[25] 于国华.素质教育新论[M].北京:光明日报出版社,2001.
[26] 金林祥.教育学概论[M].上海:华东师范大学出版社,2002.

[27] 吴华钿，林天卫. 教育学教程[M]. 广州：广东高等教育出版社，2005.
[28] 魏青. 教育学[M]. 成都：西南交通大学出版社，2006.
[29] 王道俊，郭文安. 教育学[M]. 北京：人民教育出版社，2009.
[30] 王道俊，王汉澜. 教育学[M]. 北京：人民教育出版社，1989.
[31] 丁锦宏. 教育学[M]，南京：南京大学出版社，2002.
[32] 潘友刚，钱立群. 教育学[M]. 武汉：华中师范大学出版社，2005.
[33] 胡金平. 中外教育史纲[M]. 南京：南京师范大学出版社，2010.
[34] 马凤芹，杨国欣. 教育学[M]. 北京：中国书籍出版社，2012.
[35] 王萍. 现代教育学[M]. 济南：山东教育出版社，2012.
[36] 叶澜，白益民. 教师角色与教师专业发展新探[M]. 北京：教育科学出版社，2001.
[37] 孙喜亭. 教育原理[M]. 北京：北京师范大学出版社，2003.
[38] 王道俊，王汉澜. 教育学[M]. 北京：人民教育出版社，2004.
[39] 胡中锋. 现代教育学[M]. 广州：广东高等教育出版社，2007.
[40] 王彦才，郭翠菊. 教育学[M]. 北京：北京师范大学出版社，2010.
[41] 柳海民. 教育学原理[M]. 北京：高等教育出版社，2011.
[42] 布鲁纳. 教育过程[M]. 邵瑞珍译. 北京：文化教育出版社，1982.
[43] 王道俊，王汉澜. 教育学[M]. 北京：人民教育出版社，1989.
[44] 扈中平，李方. 张俊洪. 现代教育学[M]. 北京：高等教育出版社，2000.
[45] 廖哲勋，田慧生. 课程新论[M]. 北京：教育科学出版社，2003.
[46] 杨建华，陈鹏等. 现代教育学[M]. 北京：中国社会科学出版社，2003.
[47] 魏青. 教育学[M]. 四川：西南交通大学出版社，2006.
[48] 筑波大学教育学研究会. 现代教育学基础[M]. 上海：上海出版社，1986.
[49] 李秉德. 教学论[M]. 北京：人民教育出版社，1991.
[50] 王道俊，王汉澜. 教育学[M]. 北京：人民教育出版社，1999.
[51] 扈中平，李方，张俊洪. 现代教育学[M]. 北京：高等教育出版社，1999.
[52] 李国庆. 教育学[M]. 西安：陕西师范大学出版社，2001.
[53] 杨建华，陈鹏等. 现代教育学[M]. 北京：中国社会科学出版社，2003.
[54] 魏青. 教育学[M]. 重庆：西南交通大学出版社，2006.
[55] 赵明. 新编思想政治教育学[M]. 济南：黄河出版社，2008.
[56] 金林祥. 教育学概论[M]. 上海：华东师范大学出版社，2010.
[57] 袁凤琴. 教育学导论[M]. 广州：暨南大学出版社，2010.
[58] 马凤芹，杨国欣. 教育学[M]. 北京：中国书籍出版社，2012.
[59] 王萍. 现代教育学[M]. 济南：山东教育出版社，2012.